Berlitz®

W0220520

Französisch
Grammatik

Basiswissen

Alan Moys

Berlitz Publishing Company, Inc.
Princeton Mexiko Dublin Eschborn Singapur

Französisch: Grammatik

Der Autor:
Alan Moys ist ein erfahrener Lehrer und Autor von Französischlehrbüchern und vormaliger Direktor des CILT, Centre for Information on Language Teaching and Research in London.

Der Herausgeber der Reihe:
Christopher Wightwick hat Großbritannien beim Fremdsprachenprojekt des Europarates vertreten und ist ehemaliger Oberinspektor für Neuere Sprachen im englischen Schulwesen.

Deutsche Bearbeitung: **Heidi Kerschl**

1. Ausgabe, 6. Auflage April 1999

ISBN: 3-8043-4511-5

Printed in Spain

INHALT

C Handlungen und Zustände: Verben und ihr Gebrauch

Wie man dieses Buch benutzt

Französisch: Grammatik kann man auf zwei verschiedene Arten verwenden.

• Wenn Sie sich ganz allgemein ein Bild davon machen wollen, wie ein bestimmter Aspekt der französischen Grammatik aussieht, schlagen Sie bitte im *Inhaltsverzeichnis* am Anfang des Buchs nach. Dann können Sie sich die relevanten Textabschnitte durchlesen. Die zahlreichen Querverweise führen Sie zu anderen, verwandten Themen.

• Wenn Sie mehr über ein bestimmtes Grammatikthema oder den Gebrauch eines bestimmten französischen Wortes oder Ausdrucks erfahren möchten, so finden Sie hinten im Buch ein ausführliches *Sachregister*. Das Register hat viele Untertitel. Darüber hinaus sind viele Punkte unter mehr als einer Überschrift aufgeführt. Das Register weist Sie auf die Nummern der einzelnen Abschnitte hin.

Französisch: Grammatik gibt Ihnen übersichtliche Informationen über die grammatikalischen Formen und Strukturen des Französischen, dient jedoch in erster Linie dazu, Ihnen zu zeigen, wie Sie diese Formen und Strukturen in der mündlichen oder schriftlichen Kommunikation anwenden können.

• Grammatikalische Ausdrücke werden verwendet, soweit dies für die Beschreibung der französischen Sprache nötig ist. Wir gehen jedoch nicht davon aus, daß Sie mit diesen Ausdrücken bereits vertraut sind. In allen Abschnitten dieses Buches finden Sie Erklärungen der grammatikalischen Ausdrücke.

• Wesentlich an diesem Buch ist die große Anzahl der Beispiele aus dem modernen französischen Sprachgebrauch. Wenn Sie tatsächlich eine Grammatikerklärung nicht verstehen sollten, so hilft Ihnen das Beispiel, besser zu verstehen, worum es geht.

• *Französisch: Grammatik* ist für alle bestimmt, die ihr Französisch tatsächlich *anwenden* möchten. Wo Konstruktionen oder Ausdrücke nur in einem formellen Zusammenhang verwendet werden, so wird das im Text deutlich herausgestellt.

Als Sicherheitsnetz gibt es schließlich noch überall dort, wo Sie dieses Zeichen sehen, Warnhinweise, die Ihnen helfen, Fehler und Fallen zu vermeiden.

A

WIE MAN IDEEN IN WORTE FASST

1 Wortarten

1a *Was für ein Wort ist es?*

Man kann oft erst sagen, um welche Wortart es sich handelt, wenn das Wort in einem Satz verwendet wird. Andererseits kann das Verstehen eines Satzes, vor allem in einer Fremdsprache, auch davon abhängen, ob man weiß, welcher Wortart ein Wort angehört; deshalb ist es nützlich, sie erkennen zu können. In diesem Buch definieren wir jeden Satzteil hauptsächlich anhand dessen, was er *tut* – worauf er sich bezieht, und seine Funktion und Stellung im Satz. Wenn man ihn auch an seiner Form, zum Beispiel aufgrund der Endung erkennen kann, so wird dies hier ebenfalls aufgeführt.

In den folgenden Abschnitten sehen wir uns kurz die wichtigsten Wortarten an, geben Ihnen ihre deutsche und französische Bezeichnung und verweisen auf die Abschnitte im Buch, wo sie erstmals definiert werden.

1b *Die wichtigsten Wortarten*

Es gibt in der Hauptsache vier *Wortarten*, die für die Bedeutung des Satzes ausschlaggebend sind:

(i) *Verben (**les verbes**)*

J'*apprends* le français; je *parle*, je *lis*, j'*écris* la langue.	Ich lerne Französisch; ich spreche, lese und schreibe die Sprache.

➤ [Mehr zu Verben ➤TEIL C.]

(ii) *Substantive (**les substantifs**)*

J'aime la *France*, sa *culture*, sa *langue*, ses *paysages*, ses *villes* et son *peuple*.	Ich liebe Frankreich, seine Kultur, seine Sprache, seine Landschaft, seine Städte und seine Menschen.

➤ [Mehr zu Substantiven ➤18.]

(iii) *Adjektive* (**les adjectifs**)

La France est un pays *riche*, *cultivé*, *diverse*, et *progressif*.	Frankreich ist ein reiches, kultiviertes, vielseitiges und fortschrittliches Land.

➤ [Mehr zu Adjektiven ➤20.]

(iv) *Adverbien* (**les adverbes**)

On trouve *facilement* des journaux français à New York, et je vois *souvent* des films français.	Man bekommt leicht französische Zeitungen in New York, und ich sehe oft französische Filme.

➤ [Mehr zu Adverbien ➤24.]

1c Begleitwörter

Begleitwörter tragen natürlich auch zur Bedeutung bei, jedoch in erster Linie durch ihren Bezug zu den hauptsächlichen Wortarten.

(i) *Hilfsverben* (**les verbes auxiliaires**)

Die Verben **avoir** und **être** werden zusammen mit anderen Verben zur Bildung von zusammengesetzten Tempora verwendet.

J'*ai* été deux fois à Marseille.	Ich bin zweimal in Marseille gewesen.
J'y *suis* allé pour la première fois en 1970.	Ich war das erste Mal 1970 dort.

➤ [Mehr zu Hilfsverben ➤7c, 11b, 11c, 17e.]

(ii) *Pronomina* (**les pronoms**)

Pronomina werden als Stellvertreter für Substantive eingesetzt, oft um unnötige Wiederholung zu vermeiden:

***Je* compte beaucoup de Français parmi mes amis. *Je leur* écris, et *je* vois souvent *ceux qui* habitent Los Angeles.**	Ich zähle viele Franzosen zu meinen Freunden. Ich schreibe ihnen und die, die in Los Angeles wohnen, besuche ich oft.

On se **parle souvent au téléphone.**	Wir telefonieren auch oft miteinander.

➤ [Mehr zu Pronomina ➤21.]

(iii) *Artikel und Pronomina (**les déterminants**)*

In diese Klasse fallen die in jeder Sprache häufigsten Wörter wie die Artikel (**un, une, des, le, la, les**), die Demonstrativpronomina (**ce, cette, ces**) und Possessivpronomina (**mon, ma, mes, son, sa, ses,** usw.).

➤ [Mehr zu Artikeln und Pronomina ➤19.]

(iv) *Präpositionen (**les prépositions**)*

Präpositionen sind verbindende Wörter, die vor einem Substantiv oder gleichwertigen Wort stehen. Zu ihnen gehören Wörter wie **pour** »für«; **devant** »vor«; **avec** »mit«; **dans** »in«.

➤ [Mehr zu Präpositionen ➤23.]

(v) *Konjunktionen (**les conjonctions**)*

Konjunktionen oder Bindewörter verbinden Sätze, Ausdrücke oder Wörter. Die häufigsten Bindewörter sind **et** »und«; **mais** »aber«; **ou** »oder«.

➤ [Mehr zu Konjunktionen ➤5a.]

(vi) *Ausrufe (**les exclamations**)*

Ausrufe drücken plötzliche und starke Gefühle aller Art in einem einzigen Wort oder Satz aus wie **Quel dommage! Mon Dieu!** oder **Flûte alors!**

➤ [Mehr zu Ausrufen ➤22.]

2 Zu Papier bringen: Rechtschreibung und Zeichensetzung

In diesem Kapitel werden die Grundlagen der französischen Rechtschreibung und Zeichensetzung beschrieben. Die Aussprache wird hier nicht direkt behandelt, da ein Versuch, Laute schriftlich zu beschreiben, eher hinderlich als hilfreich ist.

2a *Das französische Alphabet*

(i) Die Buchstaben im Alphabet sind nachstehend aufgeführt, zusammen mit ihrer Aussprache gemäß der normalen französischen Aussprache-/Rechtschreibkonventionen. Es ist sehr nützlich, das französische Alphabet verwenden zu können, zum Beispiel beim Buchstabieren von Namen und Adressen am Telefon usw.

- Wenn man laut buchstabiert:

Comment cela s'écrit-il?	Wie schreibt man das?
Comment ça s'écrit?	
Pourriez-vous me l'épeler?	Können Sie das für mich buchstabieren?

B majuscule	großes B
petit c	kleines c
deux p	Doppel-p

Der Buchstabe **h** wird nie so ausgesprochen wie im Deutschen. Es gibt jedoch im Französischen zwei verschiedene Arten von **h.** Der Unterschied zwischen ihnen liegt nicht in der Aussprache, sondern in der Wirkung, die sie auf vorausgehende Wörter haben, wenn diese in einem Vokal enden.

Wo der Anfangsbuchstabe **h** im Wörterbuch als stummes **h** definiert ist, wird das Wort so behandelt, als würde es mit einem Vokal beginnen. Also sehen Sie anstatt **le homme** oder **le hôtel l'homme** und **l'hôtel.** Wo das **h** als aspiriertes **h** klassifiziert wird, wird der Artikel nicht apostrophiert: **la haie** und **le hêtre.**

(ii) Großbuchstaben

Großbuchstaben werden im Französischen viel seltener verwendet als im Deutschen, obgleich sie ähnlichen Regeln der Zeichensetzung folgen. Im Französischen zum Beispiel wird folgendes nicht großgeschrieben:

- Wochentage und Monate [➤28a–b]:

mardi, le 20 décembre	Dienstag, der 20. Dezember

- Substantive, die Teile eines Straßen- oder Ortsnamens sind:

le boulevard St. Michel	Boulevard St-Michel
la rue de Rivoli	Rivoli-Straße
la mer Noire	das Schwarze Meer

- Himmelsrichtungen:

le nord, le sud, l'ouest, l'est, le nord-est usw.

Aber: **le Nord** (Name des **Départements**).

- Anrede, Berufsbezeichnungen und Titel:

le docteur Dubois	Doktor Dubois
le général Martin	General Martin
monsieur et madame Arthaud	Herr und Frau Arthaud

- Eigennamen, die als Markennamen verwendet werden:

le bordeaux, le beaujolais	Weinsorten
le gruyère, le hollande	Käsesorten
le scotch	Klebeband, nicht schottischer Whisky!

(iii) Akzente im Französischen

Die im Französischen verwendeten Akzente heißen folgendermaßen:

´ **accent aigu**
` **accent grave**
^ **(accent) circonflexe**
ç **cédille**
¨ **tréma**

- Wenn der mit einem Akzent (*aigu, grave* oder *circonflexe*) versehene Buchstabe **e** laut buchstabiert wird, so klingt das folgendermaßen: **é – é accent grave, é accent aigu** usw.

• Die Cédille gibt es nur beim Buchstaben **c.** Beim lauten Buchstabieren sagt man dazu **c cédille.**

• Großbuchstaben werden gewöhnlich nicht mit Akzenten versehen.

(iv) *Akzente in Rechtschreibung und Aussprache*

Die Akzente dienen im Französichen zwei Zwecken, einem äußerst nützlichen und einem weniger wichtigen. Nützlich sind sie als Aussprachehilfe, wenn wir zum Beispiel zwischen dem Wort **donné** und dem Wort **donne** unterscheiden müssen. Ihr weiterer Zweck liegt darin, zwischen Wörtern mit gleicher Schreibweise, jedoch unterschiedlicher Bedeutung zu unterscheiden, wie **des** »einige« und **dès** »seit«, **où** »wo« und **ou** »oder«. In diesen Fällen wirkt sich der Akzent nicht auf die Aussprache aus.

(A) Akzente auf dem Buchstaben **e**

Der einzige Vokal, dessen Aussprache sich ändert, wenn er mit einem Akzent versehen wird, ist **e**.

• Ein accent aigu auf einem **e** hat stets die gleiche Wirkung:

donné	klingt genauso wie	**donner**

• Ein accent grave auf einem **e** ist fast immer ein Aussprachekennzeichen, denn hier unterscheidet sich die Aussprache von der des **é** mit accent aigu:

père, mère, dernière	reimen sich alle mit	**paire**
parallèle, modèle, Michèle	reimen sich alle mit	**elle**

Die obigen Beispiele illustrieren eine wichtige Regel der französischen Rechtschreibung. Wenn ein Wort auf **e** + Konsonant + **e** endet, muß das erste **e** mit einem accent grave versehen sein oder der Konsonant verdoppelt werden. Beide Möglichkeiten findet man häufig, und sie werden identisch ausgesprochen.

Mère, terre, complète, emplette

(B) Das Vorhandensein eines accent aigu, grave oder circonflexe auf den anderen Vokalen (**a, i, o** und **u**) kann für die Aussprache im allgemeinen außer acht gelassen werden, obgleich die Akzente natürlich für die korrekte Schreibweise unabdingbar sind. Im Französischen gibt es diese redundanten Akzente in Hülle und Fülle (zum Beispiel **crû** und **cru**).

(C) Wird ein **c** vor einem **a, o** oder **u** mit einer Cédille versehen, so soll dieses **c** wie **s** und nicht wie **k** ausgesprochen werden:

leçon, reçu, commençait

Ein **c** vor einem **e** oder **i** wird immer wie **s** ausgesprochen – wie in **cité** und **recevoir.**

(D) Ein Tréma (¨) über einem Buchstaben weist darauf hin, daß dieser Vokal getrennt vom vorhergehenden Vokal ausgesprochen wird:

Noël	Weihnachten	**Moïse**	Moses

2b Zeichensetzung

(i) Satzzeichen

Die wichtigsten Satzzeichen im Französischen sind:

.	**le point**	Punkt
,	**la virgule**	Komma
;	**le point-virgule**	Semikolon, Strichpunkt
:	**deux points**	Doppelpunkt
?	**le point d'interrogation**	Fragezeichen
!	**le point d'exclamation**	Ausrufezeichen
-	**le trait (d'union)**	Bindestrich
—	**le tiret**	Gedankenstrich
...	**points de suspension**	Auslassungspunkte
()	**les parenthèses** (feminin)	Klammern
« »	oder	
" "	**les guillemets** (maskulin)	Anführungszeichen

Anführungszeichen

Die Konventionen für die Zeichensetzung in der direkten Rede im Französischen sind anders als im Deutschen. Häufig werden überhaupt keine Anführungszeichen verwendet, oder nur am Anfang und Ende eines Wortwechsels. Häufig wird die direkte Rede mit einem Gedankenstrich eingeleitet:

—Venez donc ce soir!	»Kommen Sie/Kommt doch heute abend!«

Das Nennen des Sprechers bedeutet nicht, daß die direkte Rede durch Anführungszeichen geschlossen und erneut eröffnet wird:

—Venez donc ce soir, répondit Christophe, à partir de huit heures.	»Kommen Sie/Kommt doch heute abend«, antwortete Christophe, »nach acht Uhr«.

Das Komma

Das Komma wird im großen und ganzen ähnlich gesetzt wie im Deutschen.

Darstellung von Zahlen

Wie im Deutschen werden die Dezimalstellen auch im Französischen durch ein Komma abgetrennt:

L'inflation est de 3,8%.	Die Inflationsrate liegt bei 3,8%.

Die Tausendersteller werden nicht durch einen Punkt, sondern durch eine Leerstelle markiert [➤26].

43 000 personnes.	43.000 Menschen

3 Wie man Wörter verbindet

3a *Zusammengesetzte Wörter oder Phrasen?*

In allen Sprachen braucht man Methoden, Wörter zu verbinden, um komplexere Zusammenhänge auszudrücken. Dazu kann man entweder zwei Wörter zu einem zusammengesetzten Wort (manchmal mit Bindestrich) oder mehrere einzelne Wörter zu einer Phrase verbinden.

3b *Zusammengesetzte Wörter und Bindestriche*

Häufig findet man zwei Wörter, die direkt mit einem Bindestrich zu einem Wort mit einer neuen Bedeutung verbunden sind. Auch Verb-/Substantivkombinationen sind häufig:

un porte-monnaie	Geldbörse
un gratte-ciel	Wolkenkratzer
un pare-chocs	Stoßstange
un tire-bouchon	Korkenzieher
un essuie-glace	Scheibenwischer

Andere Kombinationen schließen Substantiv + Substantiv, Präposition + Substantiv, Verb + Adverb ein:

une porte-fenêtre	Fenstertür
un chou-fleur	Blumenkohl
un hors-bord	Außenbordmotor
un passe-partout	Dietrich

➤ [Zur Bildung des Plurals von zusammengesetzen Substantiven ➤18e(iii).]

3c *Ausdrücken von komplexen Vorstellungen*

Im Deutschen sind die beiden Wörter »Ball« und »Golf« Substantive, doch im Ausdruck »Golfball« wird das Substantiv »Golf« als Präfix verwendet. In der französischen Sprache werden auch Substantive (und der Infinitiv des Verbs) auf diese Art eingesetzt, aber anders formuliert. Wenn ein Substantiv zum Beschreiben verwendet wird, folgt es dem Substantiv, das es beschreibt und macht im allgemeinen eine verbindende Präposition wie **de, à** oder **en** erforderlich:

une balle de golf	ein Golfball
une tasse à café	eine Kaffeetasse

Am häufigsten wird bei diesen Zusammensetzungen **de** verwendet:

une maison de campagne	ein Landhaus
un match de football	ein Fußballspiel
les maladies d'hiver	Winterkrankheiten

Obgleich es viele Ausnahmen gibt, wird meist **à** verwendet, um einen Zweck oder eine Funktion auszudrücken:

une boîte aux lettres	ein Briefkasten (ein Kasten für Briefe)
une salle à manger	ein Eßzimmer (ein Raum zum Essen)
une table à repasser	ein Bügelbrett (ein Brett zum Bügeln)

Mit **en** wird gewöhnlich »hergestellt aus« oder »in Form von« ausgedrückt:

un tabouret en chêne	ein Eichenhocker
une veste en cuir	eine Lederjacke
un escalier en spirale	eine Wendeltreppe

Beachten Sie den Bedeutungsunterschied zwischen den folgenden Ausdrücken:

une tasse à café	eine Kaffeetasse
une tasse de café	eine Tasse Kaffee
une boîte à allumettes	eine Streichholzschachtel
une boîte d'allumettes	eine Schachtel Streichhölzer

B

WIE MAN EINEN SATZ BILDET

4 Wie man einen Satz erkennt

4a Was ist ein Satz?

Ein Satz ist eine mündliche oder schriftliche Äußerung, die mindestens ein Subjekt und ein Hauptverb aufweist. Im Gespräch sagen wir häufig Dinge, die keine Sätze sind (zum Beispiel Ausrufe [➤22] oder isolierte Ausdrücke, die einen klaren Sinn ergeben, da wir den Zusammenhang kennen). Wenn wir uns schriftlich ausdrücken, versuchen wir jedoch, mit kompletten Sätzen zu arbeiten. Die Struktur eines Satzes bezeichnet man als seine *Syntax.*

4b Das Subjekt des Satzes

(i) Was ist ein Subjekt?

Gewöhnlich ist das Subjekt das Wort oder der Ausdruck, dessen Handlung oder Zustand der Satz beschreibt:

Le *ferry* part de Douvres à sept heures.	Die Fähre fährt um sieben Uhr von Dover ab.

Das Subjekt des Satzes ist **le ferry** und das Hauptverb ist **part.**

***Nous* sommes heureux de partir en vacances.**	Wir freuen uns, in die Ferien zu fahren.

Das Subjekt des Satzes ist **nous** und das Hauptverb ist **sommes.**

Manchmal bezieht sich das Subjekt des Verbs auch auf nichts Besonderes:

Il pleut.	Es regnet.

Hier ist das Subjekt **il** »es« und wird als unpersönliches Subjekt bezeichnet.

(ii) Sätze im Passiv

***Tous les passagers* sont accueillis par l'équipe du bateau.**	Alle Passagiere werden von der Schiffsbesatzung willkommen geheißen.

Das Subjekt des Satzes ist **tous les passagers** und das Hauptverb ist **sont accueillis**, das Passiv des Verbs **accueillir.** Nicht das Subjekt heißt jemanden willkommen, sondern **l'équipe.**

(iii) Sätze ohne Subjekt

Manchmal wird das Subjekt eines Satzes nicht genannt, ist aber impliziert. Das ist bei der Befehlsform der Fall [➤13]:

Prenez vos places dans le restaurant, s'il vous plaît.	Nehmen Sie bitte im Restaurant Platz.

Hier ist das Hauptverb **prenez** und das Subjekt – impliziert, also nicht ausgesprochen – **vous.**

4c Der übrige Satz (das Prädikat)

Ein Satz besteht aus einem Subjekt und einem*Prädikat.* Das Prädikat besteht mindestens aus einem Hauptverb, das heißt einem Verb in einer der einfachen, also nicht zusammengesetzten Tempora [➤11b]. Dieses Verb verändert seine Form passend zum Subjekt:

Le bateau arrive.	Das Schiff kommt an.

Hier ist das Verb **arrive** dem Substantiv **le bateau** *angeglichen,* denn es ist in der dritten Person Singular: »er«, »sie« oder »es« auf Deutsch [➤21b].

Les passagers regagnent leurs voitures.	Die Passagiere steigen wieder in ihre Wagen.

In diesem Fall ist **regagnent** in der dritten Person Plural, in Übereinstimmung mit dem Pluralsubjekt **les passagers.** Die meisten Sätze bestehen aus mehr als dem mindestens erforderlichen Hauptverb. Das obige Beispiel hätte zum Beispiel eine adverbiale Bestimmung [➤24] enthalten können, wie:

Les passagers regagnent leurs voitures *avec impatience*.	Die Passagiere steigen *ungeduldig* wieder in ihre Wagen.

4d *Satzarten*

Man kann drei Arten von Sätzen unterscheiden:

- Aussagesätze, die grundlegende Satzart;
- direkte Fragen [➤6];
- Befehlssätze [➤13].

Alle drei Satzarten müssen einen Hauptsatz haben, darüber hinaus können sie eine beliebige Anzahl von Nebensätzen aufweisen.

4e *Hauptsätze und Nebensätze*

(i) *Hauptsätze*

Ein Hauptsatz ist das grammatikalische Schlüsselelement eines Satzes, an das die anderen Satzteile angeschlossen sind. Der Hauptsatz kann oft allein stehen, obgleich dies manchmal nicht besonders viel Sinn ergibt. Er muß den Satz nicht unbedingt eröffnen, tut dies jedoch häufig. Hier ist ein Satz in Form eines alleine stehenden Hauptsatzes:

Les Robinson cherchent une boulangerie.	Die Robinsons suchen eine Bäckerei.

Dieser Satz wird nun zum Hauptsatz in einem längeren Satz:

Une fois qu'ils sont sortis du port, les Robinson cherchent une boulangerie, parce qu'ils adorent le pain français.	Nachdem sie den Hafen verlassen haben, suchen die Robinsons eine Bäckerei, weil sie das französische Brot furchtbar gerne mögen.

Der Hauptsatz lautet noch immer **les Robinson cherchent une boulangerie,** aber jetzt gibt es zwei *Nebensätze,* die dem Hauptsatz weitere Informationen hinzufügen. (Der erste Nebensatz gibt an, *wann* die Robinsons eine Bäckerei suchen und der zweite, *warum*.)

(ii) *Nebensätze*

Ein Nebensatz hängt stets von dem Hauptsatz ab, den er vervollständigt oder erweitert. Er wird durch eine der drei folgenden Wortarten mit dem Hauptsatz verbunden:

- ein unterordnendes Bindewort (wie **une fois que** und **parce que** im vorstehenden Beispiel);
- ein Fragewort wie **où** »wo«, **pourquoi** »warum«, **quand** »wann« oder **combien** »wieviel« [➤6d]:

John Robinson demande à un passant *où* se trouve la boulangerie la plus proche.	John Robinson fragt einen Passanten, *wo* die nächste Bäckerei ist.

(Auf den Hauptsatz folgt der durch **où** eingeleitete Nebensatz.)

- ein Relativpronomen wie **qui** »der/die/das« oder **que** »den/die/das« usw. [➤21j]:

Le passant, *qui* habite le quartier, donne les indications au visiteur anglais.	Der Passant, *der* in dem Viertel wohnt, weist dem englischen Besucher den Weg.

Dieses Beispiel zeigt uns, daß genau wie im Deutschen ein Hauptsatz häufig durch die Einfügung eines Nebensatzes zweigeteilt wird, in diesem Fall durch **qui habite le quartier,** was uns mehr über **le passant** mitteilt.

5 Wie man Sätze verbindet

5a *Sätze mit Bindewörtern*

Bindewörter bezeichnet man auch als Konkunktionen. Es gibt zwei Arten von Bindewörtern, nebenordnende und unterordnende Bindewörter. Aus ihrer Bezeichnung wird ihre Funktion im Satz ersichtlich.

(i) *Nebenordnende Bindewörter*

Nebenordnende Bindewörter verbinden Sätze gleicher Art, also zum Beispiel zwei Hauptsätze oder zwei Nebensätze. Wir können ihnen entnehmen, in welchem Bezug die beiden Sätze zueinander stehen (verstärken sie einander, sind sie kontrastierend usw.). Sie verändern das Verhältnis der beiden Sätze zueinander jedoch nicht.

Les Robinson achètent leur pain et ils se mettent en route.	Die Robinsons kaufen ihr Brot und machen sich auf den Weg.

Hier werden zwei Hauptsätze durch das einfachste aller Bindewörter, nämlich **et** »und« verbunden. Die häufigsten nebenordnenden Bindewörter im Französischen sind:

et	und	**ou**	oder
mais	aber	**donc**	also, daher

Il fait gris *mais* il ne pleut pas.	Es ist grau, *aber* es regnet nicht. *(Hauptsatz + Hauptsatz, mit **mais** verbunden)*
Est-ce que les Robinson vont prendre l'autoroute, *ou* est-ce qu'ils préfèrent les petites routes tranquilles?	Fahren die Robinsons auf der Autobahn *oder* ziehen sie die ruhigeren Nebenstrecken vor? *(Hauptsatz + Hauptsatz, mit **ou** verbunden)*

(ii) *Unterordnende Bindewörter*

Unterordnende Bindewörter verbinden Nebensätze mit dem Rest des Satzes. Gewöhnlich entspricht der Nebensatz einem

Adverbialausdruck [➤24]. Auf manche der unterordnenden Bindewörter folgt im Französischen der Konjunktiv [➤14], auf andere der Indikativ des Verbs [➤12]:

Puisqu'ils ne sont pas pressés, ils décident de prendre les petites routes.	Weil sie es nicht eilig haben, beschließen sie, die Nebenstrecken zu fahren. *(Nebensatz nach **puisque** + Indikativ Präsens **sont**)*
Afin que les enfants puissent mieux apprécier la campagne, les parents décident de prendre les petites routes.	Damit die Kinder mehr von der Landschaft sehen können, beschließen ihre Eltern, die Nebenstrecken zu fahren. *(Nebensatz nach **afin que** + Konjunktiv Präsens **puissent**)*

(iii) In der folgenden Aufstellung von häufig benutzten unterordnenden Bindewörtern sind alle, auf die gewöhnlich der Konjunktiv folgen muß, mit **(K)** gekennzeichnet:

à condition que	**K**	unter der Bedingung, daß
afin que	**K**	damit
ainsi que		so, wie (Vergleich)
alors que		wenn, während
à mesure que		je nachdem (steigernd)
à moins que	**K**	außer wenn, es sei denn
après que		nachdem
aussitôt que		sobald
avant que	**K**	bevor
bien que	**K**	obgleich
comme		wie (als *oder* da)
dès que		sobald
de façon que	**K**	so daß (Zweck)
de manière que	**K**	so daß (Zweck)
de sorte que	**K**	so daß (d.h. auf solche Art, daß)
de peur que	**K**	aus Furcht, daß
depuis que		seit(dem)
jusqu'à ce que	**K**	bis
lorsque		als
parce que		weil
pendant que		während
pour que	**K**	damit

pourvu que	K	vorausgesetzt, daß
puisque		da (weil)
quand		als, wenn (Zeit)
sans que	K	ohne daß
si		wenn, falls
tandis que		während, wohingegen
tant que		solange
vu que		wo doch, obwohl

Dabei darf man nicht vergessen, daß es viele dieser Wörter in ähnlicher Form auch als Präpositionen gibt [➤23]. Der grundlegende Unterschied besteht darin, daß auf eine Präposition ein Substantiv oder ein Wort folgt, das einem Substantiv gleichkommt, wie zum Beispiel ein Pronomen oder ein Infinitiv. Auf ein unterordnendes Bindewort folgt jedoch ein ganzer Satz. Das folgende Beispiel illustriert den Unterschied:

avant le repas	vor dem Essen	*(Präposition + Substantiv)*
avant moi	vor mir	*(Präposition + Pronomen)*
avant de manger	vor dem Essen	*(Präposition+ Infinitiv)*
avant qu'ils mangent	bevor sie essen	*(unterordnendes Bindewort + Konjunktiv)*

➤ [Mehr zu Präpositionen ➤23; zum Konjunktiv ➤14; zur Verneinung ➤25.]

5b Relativsätze

Relativsätze werden stets von Relativpronomina [➤21j] eingeleitet. Sie beschreiben bzw. definieren ein Substantiv und erfüllen somit die gleiche Funktion wie ein Adjektiv [➤20]. Der Relativsatz folgt dem Substantiv, auf das er sich bezieht, gewöhnlich in sehr kurzem Abstand, normalerweise sogar direkt. Das Substantiv wird als *Bezugswort* bezeichnet.

Les villes et les villages qu'ils traversent sont tous intéressants.	Alle Städte und Dörfer, durch die sie kommen, sind interessant.

Hier ist **qu'ils traversent** der Relativsatz, der **villes et villages** beschreibt.

5c Direkte und indirekte Rede

Man kann das, was jemand gesagt (oder möglicherweise gedacht) hat, auf zwei Arten wiedergeben. In beiden Fällen wird die übermittelte Rede von Verben wie **dire** »sagen« und **répondre** »antworten« eingeleitet.

(i) *Direkte Rede*

Die erste Methode der Wiedergabe besteht einfach darin, wortwörtlich zu wiederholen, was gedacht oder gesagt wurde. Das bezeichnet man als *direkte Rede*. Im Deutschen wird sie stets in Anführungszeichen gesetzt. Obgleich die französische Zeichensetzung etwas anders ist [➤2b], unterliegt die direkte Rede einem ähnlichen Prinzip.

–J'ai une réunion à neuf heures et demie, dit-il.	»Ich habe um halb zehn eine Verabredung«, sagte er.
Je me suis dit: «Vous allez être en retard».	Ich sagte mir: »Ihr werdet zu spät kommen.«

Beachten Sie hier, daß die Wortstellung in den Ausdrücken, die »sagte er« oder »antwortete sie« entsprechen, auch im Französischen umgekehrt ist (**dit-il**), wenn sie der direkten Rede folgen. Diese umgekehrte Wortstellung bezeichnet man auch als Inversion. Bei der Einleitung der direkten Rede (**Je me suis dit**) ist jedoch keine Inversion nötig.

(ii) *Indirekte Rede*

Die zweite Art der Wiederabe bezeichnet man als *indirekte Rede*. Hier wird das Gesagte umformuliert, gewöhnlich in einem von **que** oder einem Fragewort eingeleiteten Nebensatz.

Il a dit *qu'*il avait une réunion à neuf heures et demie.	Er sagte, *daß* er um halb zehn eine Verabredung hätte.

(iii) Wie Sie sehen, gibt es hier im Vergleich zur direkten Rede einige Veränderungen. So werden die Pronomina angeglichen (hier wird **je** zu **il**). In vielen Fällen ändert sich auch das Tempus, z.B. **J'ai une réunion** wird zu **Il avait une réunion.**

Direkte Rede	***Indirekte Rede***
Präsens	Imperfekt
Perfekt	Plusquamperfekt
Zukunft	Konditional

–Je travaille tard ce soir. J'ai commencé un rapport que je dois terminer. Je rentrerai sans doute vers minuit.	»Ich arbeite heute abend lange. Ich habe einen Bericht begonnen, den ich fertig machen muß. Ich komme bestimmt gegen Mitternacht nach Hause.«

wird zu:

Il a dit qu'il travaillait tard ce soir-là. Il avait commencé un rapport qu'il devait terminer. Il rentrerait sans doute vers minuit.	Er sagte, daß er diesen Abend lange arbeiten würde. Er habe einen Bericht begonnen, den er fertig machen müsse. Er käme bestimmt gegen Mitternacht nach Hause.

(iv) Die Imperfekt- und Konditionalformen in der direkten Rede werden manchmal unverändert in die indirekte Rede übernommen:

–J'*irais* au cinéma si j'*avais* l'argent.	»Ich *würde* ins Kino gehen, wenn ich Geld *hätte*..«
Il a dit qu'il *irait* au cinéma s'il *avait* l'argent.	Er sagte, er *würde* ins Kino gehen, wenn er Geld *hätte*.
–Je *serais allé* au cinéma si j'*avais eu* l'argent.	»Ich wäre ins Kino gegangen, wenn ich Geld gehabt hätte.«
Il a dit qu'il *serait allé* au cinéma s'il *avait eu* l'argent.	Er sagte, er *wäre* ins Kino gegangen, wenn er Geld *gehabt hätte*.

➤ [Mehr zum Konditional ➤12g.]

5d *Indirekte Fragen*

Indirekte Fragen sind eine Form der indirekten Rede [➤5c]. Sie unterliegen den gleichen Regeln und werden von der gleichen Art von Verb eingeleitet, gefolgt vom jeweiligen Fragewort. Indirekte Fragen dienen unterschiedlichen Zwecken:

(i) Zur Wiedergabe einer direkten Frage, die gestellt wurde oder gestellt werden wird:

J'ai demandé où se trouvait l'hôtel Apollo.	Ich fragte, wo das Hotel Apollo ist.
Je demanderai où se trouve l'hôtel Apollo.	Ich werde fragen, wo das Hotel Apollo ist.

(ii) Um höflicher anzufragen (weniger direkt ist im allgemeinen mit höflicher gleichzusetzen!):

Pourriez-vous me dire si le concert a déjà commencé?	Können Sie mir sagen, ob das Konzert bereits begonnen hat?

(iii) Um auszudrücken, ob wir die Antwort auf eine Frage wissen:

Je ne sais pas pourquoi il n'a pas écrit.	Ich weiß nicht, warum er nicht geschrieben hat.

5e *Wiedergabe von Bitten und Befehlen*

Dies wird im Französischen gewöhnlich durch eine Konstruktion mit einem Infinitiv ausgedrückt:

Je lui ai dit de m'envoyer un chèque.	Ich sagte ihm, er solle mir einen Scheck schicken.

6 Wie man Information erhält: direkte Fragen

6a *Was ist eine direkte Frage?*

Eine direkte Frage ist eine Form der direkten Rede. Sie teilt uns wortwörtlich mit, was jemand sagte oder dachte. Die Fragen in den nachstehenden Beispielen sind direkte Fragen – der Wortlaut bleibt gleich.

➤ [Indirekte Fragen ➤5d.]

(i) *Informationen*

Am einfachsten werden Fragen einfach durch veränderte Intonation gebildet (der Klang der Worte). Es gibt keine weiteren Änderungen:

–Je t'accompagne.	»Ich begleite dich.«

wird zu:

–Je t'accompagne?	»Soll ich dich begleiten?«

Bei der Frage hebt man am Ende des Satzes die Stimme. In der gesprochenen Sprache ist diese Art der Fragebildung sehr häufig, sie ist jedoch für die Schriftsprache weniger gut geeignet.

(ii) *Est-ce que…?*

Genauso häufig wird in der Alltagssprache die folgende Art der Fragebildung verwendet, die wohl auch die am weitesten akzeptierte Möglichkeit ist. Hier wird der Aussage **est-ce que** vorangestellt:

–Est-ce que la circulation est très intense?	»Ist der Verkehr stark?«
–Est-ce qu'ils connaissent la route?	»Kennen sie den Weg?«

Est-ce que wird häufig auch in Verbindung mit anderen Fragewörtern verwendet, dann folgt es auf das jeweilige Fragewort:

–Quand est-ce que vous avez payé cette facture?	»Wann haben Sie diese Rechnung bezahlt?«
–Pourquoi est-ce qu'il faut tout répéter trois fois?	»Warum muß ich alles dreimal wiederholen?«

(iii) *Inversion*

Wo ein Pronomen das Subjekt des Verbs ist, können Fragen durch Umkehrung der Reihenfolge von Verb und Subjekt und Einfügen eines Bindestrichs gebildet werden. Obgleich sie theoretisch mit allen Verben möglich ist, beschränkt sich diese Art der Fragebildung in der Praxis auf eine Reihe von verbreiteten Verben, vor allem als Hilfsverben (**être, avoir**) und als Modalverben (**pouvoir, vouloir** usw.) verwendete Verben [➤9]:

–Peux-tu m'aider?	»Kannst du mir helfen?«
–Sont-ils arrivés?	»Sind sie angekommen?«
–Crois-tu qu'ils aient pu avoir des ennuis?	»Glaubst du, sie sind in Schwierigkeiten gekommen?«

(iv) Auch wenn das Subjekt kein Pronomen ist, können Fragen wie oben in Abschnitt (iii) beschrieben mit Inversion gebildet werden. Dazu wird das entsprechende Pronomen folgendermaßen an das Verb angehängt:

–Les billets sont-ils arrivés?	»Sind die Karten eingetroffen?«
–Marie-Paule a-t-elle terminé son cours de piano?	»Ist Marie-Paule mit ihrer Klavierstunde fertig?«

(v) *Fragewort + est-ce que*

Werden Fragewörter wie **Qui? Quand? Où?** und **Pourquoi?** verwendet, so werden Fragen entweder durch Hinzufügen von **est-ce que** zu dem Fragewort [➤6a (ii)] oder mit der Inversion [➤6a (iii), (iv)] gebildet. Siehe die Beispiele ➤6d. Wenn aber **Qui? Quel?** [➤19b] und **Lequel?** [➤21g (v)] als Subjekte verwendet werden, benötigen sie kein zusätzliches, ans Verb angehängtes Pronomen.

–Qui sont ces personnes?	»Wer sind diese Leute?«
–Quelles sont les possibilités de paiement?	»Welche Zahlungsmöglichkeiten gibt es?«
–Laquelle serait la plus facile?	»Welche wäre am einfachsten?«

6b *Richtig oder falsch? Ja-/Nein-Fragen*

Mit dieser Art von Frage wollen wir herausfinden, ob eine Annahme richtig oder falsch ist, deshalb können diese Fragen stets mit **oui** oder **non** beantwortet werden:

–Est-ce que tu vas en ville?	»Fährst du in die Stadt?«
–Oui.	»Ja.«
–Alors, tu peux m'emmener?	»Kannst du mich mitnehmen?«
–Non!	»Nein!«

6c *Bestätigungsfragen*

Oft wird eine Nachfrage oder eine Bitte um Bestätigung an das Ende einer Aussage angehängt. Im Französichen wird dazu meist **n'est-ce pas?** verwendet, im Deutschen sagen wir oft »oder?«, »nicht wahr?«.

–Nous pouvons partir ensemble, n'est-ce pas?	»Wir können zusammen gehen, oder?«
–Il y a de la place pour moi dans ta voiture, n'est-ce pas?	»Es ist Platz für mich in deinem Wagen, nicht wahr?«

Beachten Sie hier, daß **n'est-ce pas** bei verneinten Fragen nicht verwendet wird. Hier werden allgemeine Ausrufe wie **hein?** benutzt.

–Ils ne viennent pas ce soir, hein?	»Sie kommen heute abend nicht, oder?«

Auch **non** wird oft an Fragen angehängt:

–Tu peux m'emmener, non?	»Du kannst mich doch mitnehmen?«

6d *Detailfragen: Fragen mit Fragewörtern*

Mit diesen Fragen wollen wir genauere Informationen über etwas erhalten. Sie beginnen fast immer mit dem Fragewort, genau wie die nachstehend aufgeführten Beispiele.

⚠ Viele der hier aufgeführten Fragewörter gleichen oder ähneln anderen Wortarten wie zum Beispiel den Relativpronomina [➤21j]. Verwechseln Sie sie nicht!

(i) *Menschen: **Qui? Qui est-ce qui/que?** »Wer?«*

➤ [Interrogativpronomina ➤21g.]

–Qui va avec toi?	»Wer geht mit dir?«
–Qui vas-tu rencontrer?/ Qui est-ce que tu vas rencontrer?	»Wen triffst du?«

– **Avec qui...? A qui...? Pour qui...?,** usw.

–Avec qui vas-tu manger?	»Mit wem ißt du?«
–À qui est ce manteau?	»Wem gehört dieser Mantel?«

(ii) *Dinge: **Qu'est-ce qui...? Qu'est-ce que...? Que...?** »Was?«*

➤ [Interrogativpronomina ➤21g.]

–Qu'est-ce qui t'inquiète?	»Was bekümmert dich?«
–Qu'est-ce que tu vas faire en ville/Que vas-tu faire en ville?	»Was machst du in der Stadt?«

(iii) *Auswahl*

–Quel chemin prends-tu?	»Welchen Weg nimmst du?«

➤ [Bestimmungswörter in der Frage ➤19a.]

–Lequel préfères-tu?	»Welchen ziehst du vor?«

➤ [Interrogativpronomina ➤21g]

(iv) Definition, Beschreibung

–Comment sont les petites routes?	»Wie sind die Nebenstrecken?«
–Très enneigées.	»Sehr schneereich.«

➤ [Andere Verwendungsmöglichkeiten von **comment** ➤(vii) unten.]

(v) Zeit

–Quand est-ce que tu pars?	»Wann fährst du ab/gehst du weg?«
–A quelle heure? Vers dix heures.	»Um wieviel Uhr? Etwa um zehn.«

(vi) Ort

–Où est ta voiture?	»Wo ist dein Auto?«
–J'ai oublié.	»Ich habe es vergessen.«

(vii) Art und Weise

–Comment vas-tu la trouver, alors?	»Wie willst du es dann finden?«

⚠ **Comment + être?** bedeutet »Wie ist ... ?«

–Comment est ta voiture?	»Wie sieht dein Auto aus?«
–Elle est rouge.	»Es ist rot.«

⚠ **Comment + aller?** bedeutet »Wie geht es … ?« (Frage nach dem Befinden usw.)

–Comment va ton frère?	»Wie geht es deinem Bruder?«
–Il va mieux.	»Es geht ihm besser.«

Aus den vorstehenden Beispielen können Sie ersehen, daß bei der Inversion nach **Comment?** kein zusätzliches Pronomen angehängt werden muß. Das ist aber als alternative Form durchaus zulässig:

–Ton frère, comment va-t-il?	»Wie geht es deinem Bruder?«

(viii) *Menge und Maß*

(A) Das Fragewort für »wieviel?« und »wie viele?« lautet im Französischen **combien?** Wenn man fragt, wieviel etwas kostet, so verwendet man feststehende Ausdrücke wie:

–C'est combien?	Wieviel kostet das?

Bei der Frage nach Anzahl oder Mengen wird es wie eine Mengenangabe von **de** begleitet:

–Combien de glaçons veux-tu?	»Wieviele Eiswürfel möchtest du?«
–Et combien d'eau?	»Und wieviel Wasser?«

(B) Bei Fragen nach Maßen, Höhe, Länge, Alter, Kleidergröße und Entfernung wird meist das Fragewort **quel?** [➤19a] verwendet:

–Quelle est la longueur de la pièce?	»Wie lang ist das Zimmer?«
–Tu prends quelle taille?	»Welche Größe trägst du?« (Kleidergröße)

⚠ Bei Schuhen:

–Vous chaussez le combien?	»Welche Schuhgröße tragen Sie?«

⚠ Verwenden Sie bei Fragen nach dem Alter **avoir** und nicht **être:**

–Quel âge avez-vous?	»Wie alt sind Sie?«
–J'ai vingt-trois ans.	»Ich bin dreiundzwanzig.«

(C) Für Entfernungen wird **à quelle distance?** verwendet:

–Dijon est à quelle distance d'ici?	»Wie weit ist Dijon von hier?«
–Au moins deux cent cinquante kilomètres.	»Mindestens zweihundertfünfzig Kilometer.«

Für Entfernungen/Fahrtdauer wird **à combien?** verwendet:

–Paris est à combien d'ici?	»Wie weit ist Paris von hier?«
–Deux heures par le train, trois heures en voiture.	»Zwei Stunden mit dem Zug, drei Stunden mit dem Auto.«

(ix) *Gründe: **Pourquoi?** »Warum?«*

–Pourquoi avez-vous choisi un appartement au 16e étage?	Warum haben Sie/habt ihr eine Wohnung im 16. Stock genommen?
–Pourquoi pas? Il y a un ascenseur.	Warum nicht? Es gibt einen Aufzug.

C

HANDLUNGEN UND ZUSTÄNDE: VERBEN UND IHR GEBRAUCH

7 Die Aufgabe der Verben

➤ [Für eine ausführliche Abhandlung über die Formen der französischen Verben ➤ *Französisch: Verben* in dieser Reihe].

7a *Handlungen, Gefühle und Zustände*

Verben sind Wörter, die Handlungen, Gefühle oder Zustände ausdrücken:

Je *voyage* beaucoup.	Ich *reise* viel.
J'*aime* mon travail.	Ich *liebe* meine Arbeit.
Je *suis* représentant.	Ich *bin* Vertreter.

7b *Einfache und zusammengesetzte Verbformen*

Die französischen Verben bestehen entweder wie in den obigen Beispielen aus einem einzigen Wort (in den *einfachen* Tempora) oder aus zusammengesetzten Tempora mit den Verben **avoir** und **être:**

J'*ai travaillé* toute ma vie dans l'électronique.	Ich *habe* mein Leben lang in der Elektronikbranche *gearbeitet.*

Verben können in einer Sprache eine zusammengesetzte Form und in einer anderen eine einfache Form haben:

Je *suis devenu* représentant à l'âge de 30 ans.	Ich *wurde* mit 30 Vertreter.

7c *Hilfsverben*

Werden auf diese Art mit **avoir** und **être** zusammengesetzte Verben gebildet, so bezeichnet man erstere als *Hilfsverben.* In Verbindung mit der Form des Hauptverbs, die man als *Partizip Perfekt* bezeichnet, werden so eine Reihe von Tempora gebildet [➤11b, 11c, 16]:

J'*aurais préféré* devenir médecin.	Ich *wäre* lieber Arzt *geworden.* (Konditional II)
Si seulement j'*avais réussi* mes examens.	Wenn ich nur meine Examen *bestanden hätte.* (Plusquamperfekt)
Je me *serais* sérieusement *avantagé.*	Ich *hätte* mir einen großen Vorteil *verschafft.* (Konditional II)

Die meisten Verben bilden die zusammengesetzten Tempora mit **avoir.** Reflexive (rückbezügliche) Verben [➤8c] und etwa ein Dutzend anderer Verben [➤11d] bilden ihre zusammengesetzten Tempora mit **être:**

J'ai fini.	Ich bin fertig.
Je me suis lavé.	Ich habe mich gewaschen.
Je suis arrivé.	Ich bin angekommen.

8 Das Verb im Satz

8a Der Minimalsatz

(i) Alle Sätze müssen mindestens ein Subjekt und ein Prädikat enthalten [➤4]. Das Prädikat besteht zumindest aus dem Hauptverb, enthält jedoch oft auch andere Informationen.

Marie-Paule *sourit.*	Marie-Paule *lächelt. (Das Prädikat besteht nur aus dem Hauptverb.)*
Elle *donne le journal à son mari.*	Sie *gibt ihrem Mann die Zeitung. (Das Prädikat besteht aus dem Hauptverb und der zusätzlichen Information.)*

(ii) *Transitive und intransitive Verben*

Wenn ein Satz wie der erste Satz im Beispiel oben keine weitere Information erfordert, um sinnvoll zu sein, so bezeichnet man das Verb als *intransitiv.* Im zweiten Satz kann **Elle donne** jedoch nicht alleine stehen und erfordert ein direktes Objekt, **le journal,** sowie ein indirektes Objekt **à son mari.** Verben, die zumindest ein direktes Objekt erfordern, bezeichnet man als *transitiv.* Im Deutschen bezeichnet man das direkte Objekt auch als *Akkusativobjekt* und das indirekte Objekt als *Dativobjekt.*

(iii) Manche Verben können sowohl transitiv als auch intransitiv eingesetzt werden:

L'horloge sonne.	Die Uhr schlägt. *(Intransitiv)*
L'horloge sonne l'heure.	Die Uhr schlägt die Stunde.

(iv) Neben dem Verb kann der Satz aus mehreren Teilen bestehen, die weitere Informationen liefern. Diese »wahlweisen Extras« erklären oder erweitern die Bedeutung, der Satz ergibt jedoch auch ohne sie Sinn.

Je préparais notre repas dans la cuisine vendredi soir vers huit heures.	Ich bereitete unser Essen in der Küche am Freitagabend gegen acht Uhr.

Im obigen Beispiel erfordert das Verb **préparais** ein direktes Objekt, in diesem Fall **le repas,** um einen sinnvollen Satz zu ergeben; der Rest des Satzes kann von einem grammatikalischen Standpunkt betrachtet jedoch entfallen, obgleich er möglicherweise wichtige Angaben enthalten mag.

⚠ Nicht alle Verben, die im Französischen transitiv sind, erfordern auch im Deutschen ein direktes Objekt [➤8b(ii)].

8b Das direkte Objekt der transitiven Verben

(i) Manche Verben erfordern im Französischen ein direktes Objekt, andere nicht. Viele andere existieren je nach Zusammenhang und Bedeutung im Satz mit oder ohne ein direktes Objekt.

J'utilise un stylo pour écrire.	Ich benutze einen Füller zum Schreiben. *(**Utiliser** ist stets transitiv, das direkte Objekt ist hier **un stylo.**)*
Je pars à huit heures.	Ich gehe/fahre gegen acht Uhr. *(**Partir** ist immer intransitiv.)*
J'ai lu jusqu'à minuit.	Ich habe bis Mitternacht gelesen. *(**Lire** wird hier intransitiv gebraucht).*
J'ai lu les dernières pages du roman.	Ich habe die letzten Seiten des Romans gelesen. *(**Lire** wird hier transitiv gebraucht, das direkte Objekt ist **les dernières pages.**)*

(ii) Ein kleine Anzahl der französischen Verben haben ein direktes Objekt, wo man im Deutschen ein intransitives Verb mit einer Präposition antrifft. Die gebräuchlichsten sind:

attendre	warten auf	**habiter**	wohnen in
demander	fragen nach	**regarder**	sehen auf

J'attends le train de 11 heures pour Orléans.	Ich warte *auf* den 11-Uhr-Zug nach Orléans.

J'habite un village tout près.	Ich wohne *in* einem Dorf in der Nähe.
Je regarde ma montre. Il est onze heures moins cinq.	Ich sehe *auf* meine Uhr. Es ist fünf vor elf.
Je demande des renseignements au guichet.	Ich bitte am Fahrkartenschalter *um* Auskunft.

Eine Reihe von Verben haben im Deutschen ein direktes Objekt, jedoch nicht im Französischen [➤8d(ii)].

8c Reflexive Verben

(i) Die Handlung bezieht sich auf das Subjekt zurück.

Ein reflexives oder rückbezügliches Verb bezieht sich auf das Subjekt zurück. Daher ist das Objekt der Handlung mit dem Subjekt identisch.

Il *se* pèse tous les jours.	Er wiegt *sich* jeden Tag.
Il *se* regarde dans la glace ...	Er sieht *sich* im Spiegel an ...
... et il *se* félicite d´être si beau.	... und gratuliert *sich* dazu, daß er so gut aussieht.

(ii) In manchen Fällen beschreiben die reflexiven Verben im Französischen eine Handlung, die im Deutschen nicht ausdrücklich rückbezüglich ist:

Je *me* lève à sept heures.	Ich stehe um sieben auf.
Je *m'*entraîne deux fois par semaine.	Ich trainiere zweimal die Woche.

(iii) In manchen Fällen hat das Verb im Deutschen keine rückbezügliche Bedeutung:

Ces garçons *se* moquent de mon petit frère.	Diese Jungen verspotten meinen kleinen Bruder.
Ils *s'*arrêtent seulement quand il commence à pleurer.	Sie hören erst auf, wenn er zu weinen beginnt.

Beispiele hierfür sind:

s'adresser à	mit jemandem sprechen
s'en aller	weggehen
s'aperçevoir	bemerken
se douter de	vermuten
se fier à	vertrauen
se méfier de	mißtrauen
se mettre à	beginnen
se noyer	ertrinken
se promener	spazierengehen
se servir de	benutzen
se taire	schweigen

(iv) *Mit-/Füreinander ausgeführte Handlungen*

Verben können in der reflexiven Form eingesetzt werden, um Handlungen auszudrücken, die *mit- bzw. füreinander* ausgeführt werden:

Ils *se* voient toutes les semaines, ils *se* téléphonent et ils *s'*écrivent.	Sie sehen sich jede Woche, sie telefonieren miteinander und sie schreiben einander.

(v) *Reflexiv anstelle von »man«*

Reflexive Verbformen im Französischen entsprechen im Deutschen manchmal einem unpersönlichen Ausdruck mit »man«:

Les champs de tournesols *se* voient partout maintenant.	Man kann jetzt überall Sonnenblumenfelder sehen.

(vi) Reflexive Verben drücken häufig auch einen Prozeß aus, das »werden« bei Verben wie:

se fâcher	wütend werden	**se réchauffer**	warm werden
s'énerver	ärgerlich werden	**se refroidir**	kalt werden
se fatiguer	müde werden		

➤ [Eine vollständige Aufstellung der Reflexivpronomina ➤21b(vi).
Die Stellung der Reflexivpronomina ➤21b(vii), (viii).
Die Verwendung der Hilfsverben bei zusammengesetzten Tempora ➤11c.]

8d Direkte und indirekte Objekte

(i) *Eine Übergabe/Übermittlung: Verben mit zwei Objekten*

Manche transitive Verben beschreiben einen Übergabe-/Übermittlungsprozeß zwischen zwei Menschen, zum Beispiel Verben wie **donner** »geben«, **envoyer** »senden« und **parler** »sprechen«. Diese Verben haben zwei Objekte, ein direktes und ein indirektes Objekt (die Person oder das Ding, auf das sich dieser Prozeß richtet):

Le moniteur donne les skis à Patrick.	Der Lehrer gibt Patrick die Ski.

Les skis sind das direkte Objekt und **Patrick** ist das indirekte Objekt.

Wie das vorstehende Beispiel zeigt, wird das indirekte Objekt im Französischen mit der Präposition **à** eingeleitet, die natürlich auch die Form **au, à la, aux** [➤19c] haben oder durch ein Pronomen [➤21b(v)] ersetzt werden kann, wie in folgendem Beispiel:

Le moniteur lui passe les skis.	Der Lehrer gibt ihm die Ski.

Lui = à Patrick

⚠ Im Französischen kann das indirekte Objekt nicht zum Subjekt einer Passivkonstruktion werden. Hier ist Vorsicht geboten, denn eine Passivkonstruktion wie »Patrick werden die Ski gegeben« ist nicht möglich.

Im Französischen kann man diesen Sachverhalt nur folgendermaßen ausdrücken:

On donne les skis à Patrick.	Man gibt Patrick die Ski.

➤ [Weitere Einzelheiten zum Passiv ➤15.]

(ii)

Manche Verben haben im Französischen ein indirektes Objekt, während ihre deutschen Entsprechungen von einem direkten Objekt begleitet werden. Die am häufigsten verwendeten sind:

survivre à	
Voilà un cas où la mère a survécu à ses enfants.	Dies ist ein Fall, in dem die Mutter ihre Kinder überlebte.

téléphoner à	
As-tu téléphoné à la police?	Hast du die Polizei angerufen?

(iii) *Etwas für jemanden tun*

Wie im Deutschen drückt das indirekte Objekt (in diesem Fall normalerweise ein Personalpronomen) häufig aus, daß man etwas für jemand anderen tut:

Est-ce que tu peux *m'*emmener ces lettres à la poste et *m'*acheter des timbres en même temps?	Kannst du diese Briefe für mich zur Post bringen und mir gleichzeitig Briefmarken kaufen?

8e ***Verben + Präposition + Substantiv***

(i) Im Französischen werden Verb und Objekt sehr oft mit Präpositionen verbunden (**à** oder **de** werden dafür besonders häufig eingesetzt). Die folgende Aufstellung enthält häufig verwendete Verben mit den zugehörigen Präpositionen, mit denen man als Deutscher möglicherweise Schwierigkeiten haben könnte.

acheter à	kaufen von
s'apercevoir de	bemerken
(*aber* **apercevoir**	erblicken)
arracher à	entreißen
s'approcher de	sich nähern
assister à	anwesend sein
(*aber* **assister**	helfen)
avoir besoin de	brauchen
changer de	ändern, wechseln
convenir à	entsprechen, recht sein
convenir de	vereinbaren
croire à/en	[➤8e(ii)] etwas glauben, an etwas glauben
dépendre de	abhängen
(se) douter de	bezweifeln
s'emparer de	sich bemächtigen
emprunter à	borgen
entrer dans	eintreten
féliciter de	gratulieren zu
se fier à	vertrauen

s'interesser à	sich interessieren für
jouer de/à	[➤8e(ii)] spielen (ein Instrument/ Spiel)
jouir de	genießen
manquer de/à	[➤8e(ii)] (er)mangeln, versäumen
se méfier de	mißtrauen
se mêler à	sich mischen unter
se mêler de	sich einmischen, sich kümmern um
nuire à	schaden
obéir à	gehorchen
désobeir à	nicht gehorchen
pardonner à	verzeihen
penser de/à	[➤8e(ii)] denken über (halten von), denken an
plaire à	gefallen
déplaire à	nicht gefallen
punir de	bestrafen
récompenser de	belohnen
réfléchir à	nachdenken
remercier de	danken für
renoncer à	verzichten auf
résister à	widerstehen
ressembler à	ähneln
(se) servir de/à	[➤8e(ii)] benutzen als, benutzen für
se souvenir de	sich erinnern an
succéder à	folgen auf
survivre à	überleben
téléphoner à	telefonieren
se tromper de	sich irren
vivre de	von etwas leben
voler à	stehlen von

(ii) Verben, denen unterschiedliche Präpositionen einen anderen Sinn geben

croire à	etwas glauben (daß es wahr ist)
croire en	(an etwas) glauben, gläubig sein

Je crois à son honnêteté.	Ich glaube, daß er ehrlich ist.
Je crois en Dieu.	Ich glaube an Gott.

jouer de	spielen (ein Musikinstrument)
jouer à	spielen (ein Spiel spielen, einen Sport treiben)

Elle joue du clavecin.	Sie spielt Cembalo.
Elle joue aussi au rugby.	Sie spielt auch Rugby.

manquer	verpassen
manquer de	fehlen (an etwas)
manquer à	fehlschlagen, nicht erfüllen

Il a manqué son train.	Er hat seinen Zug verpaßt.
Elle manque de discrétion.	Es fehlt ihr an Takt.
Nous avons manqué à nos responsabilités.	Wir haben unsere Verantwortlichkeiten nicht erfüllt.

Hier wäre auch der nützliche Ausdruck **tu me manques** »Du fehlst mir«, »Ich vermiße dich« und **Est-ce que je t'ai manqué?** »Hast Du mich vermißt?« erwähnenswert.

penser de	über etwas denken (eine Meinung haben)
penser à	an etwas/jemanden denken (seine Gedanken darauf lenken)

Que pensez-vous de notre nouveau collègue?	Was halten Sie von unserem neuen Kollegen?
Je pense souvent à ma jeunesse.	Ich denke oft an meine Jugend.
Pensez à moi!	Denken Sie/Denkt an mich!

servir	servieren (z.B. in einem Restaurant)
servir à	zu etwas dienen/zu etwas nützlich sein
servir de	dienen als
se servir de	benutzen

Il m'a servi une bière.	Er servierte mir ein Bier.
A quoi sert cet appareil?	Wozu dient diese Maschine?
Le sol va servir de table.	Der Boden kann als Tisch dienen.
Je me sers toujours d'un tournevis pour ouvrir une boîte de peinture.	Ich benutze immer einen Schraubenzieher, um eine Farbdose zu öffnen.

8f Verben, auf die ein Infinitiv folgt

Im Deutschen werden Verben meist mit der Präposition »zu« mit einem Infinitiv verbunden (Ich ziehe es vor, im Bett *zu* bleiben) In manchen Fällen ist keine Präposition erforderlich (ich muß im

Bett bleiben, ich kann nicht aus dem Haus gehen). Im Französischen ist es ähnlich, es gibt jedoch drei Möglichkeiten:

Je demande *à* rester au lit.	Ich will im Bett bleiben.
Je refuse *de* rester au lit.	Ich weigere mich, im Bett zu bleiben.
Je préfère rester au lit.	Ich ziehe es vor, im Bett zu bleiben.

Jedes so mit einem Infinitiv verbundene Verb ist permanent mit **à, de** oder dem *reinen Infinitiv* verbunden.

(i) *Verben + reinem Infinitiv*

Einige wenige Verben verbinden sich ohne Präposition mit einem Infinitiv. Darunter sind folgende Verben:

(A) Modalverben: **pouvoir, vouloir, devoir, falloir, savoir** [➤9].

Je *voudrais* aller avec toi, mais je ne *peux* pas sortir, je *dois* être là quand les enfants reviendront de l'école.	Ich *würde gerne* mit dir gehen, aber ich *kann* nicht weggehen, ich *muß* hier sein, wenn die Kinder von der Schule nach Hause kommen.

(B) Verben, die Zu- und Abneigung, Vorlieben, Hoffnung, Erwartungen und Wünsche ausdrücken:

Je *déteste* conduire quand il y a du brouillard; il vaut mieux laisser la voiture au garage ces jours-là. Je *préfère* sortir en voiture quand il fait beau. Je *compte* pouvoir le faire en Italie l'été prochain. J'*adore* rouler le toit ouvert.	Ich *haße* es, im Nebel zu fahren, an solchen Tagen läßt man das Auto am besten in der Garage. Ich *fahre lieber* Auto, wenn es schön ist. Ich *rechne* damit, daß ich das im nächsten Sommer in Italien tun kann. Ich *fahre furchtbar gerne* mit offenem Dach.

Die oben dargestellte Infinitivkonstruktion nach Verben des Wünschens ist nur möglich, wenn Verb und Infinitiv dasselbe Subjekt haben.

(C) Verben der Bewegung:

aller	gehen	**descendre**	hinuntergehen, herunterkommen
courir	laufen, rennen		

entrer	eintreten	**partir**	weggehen, wegfahren
envoyer	senden	**rentrer**	zurückkommen
monter	hinaufgehen, heraufkommen	**sortir**	weggehen, ausgehen
		venir	kommen

Il est sorti faire ses courses.	Er ist einkaufen gegangen.

lEinige der oben aufgeführten Verben werden im Deutschen mit »um … zu« angeschlossen.

Je suis descendu prendre du vin à la cave.	Ich ging hinunter, *um* Wein aus dem Keller *zu* holen.

(D) Verben der Sinneswahrnehmungen:

écouter	zuhören	**regarder**	ansehen
entendre	hören	**(se) sentir**	(sich) fühlen
voir	sehen		

Je l'ai vu passer, puis je l'ai entendu crier.	Ich sah ihn vorbeigehen und hörte ihn dann rufen.

(E) Die Verben **sembler, laisser,** und **faire:**

Je l'ai fait rentrer. Il semblait vouloir dire quelque chose. Je l'ai laissé parler.	Ich ließ ihn ein. Er schien etwas sagen zu wollen. Ich ließ ihn sprechen.

➤ [Weitere Einzelheiten zu **faire** und **laisser** ➤9f].

(ii) *Verben+ **à** + Infinitiv*

Dies ist eine kleine Gruppe von ziemlich häufig gebrauchten Verben. Mit **à** wird im allgemeinen Absicht, Ziel oder Richtung ausgedrückt:

s'amuser à	Spaß haben
apprendre à	lernen zu, lehren
s'apprêter à	sich bereitmachen
arriver à	es schaffen
avoir à	müssen
chercher à	versuchen

commencer à	beginnen, anfangen
consentir à	zustimmen
continuer à	weitermachen
se décider à	sich entscheiden
(*aber* **décider de**	beschließen)
demander à	bitten um
encourager à	auffordern
s'habituer à	sich (an-)gewöhnen
hésiter à	zögern
s'intéresser à	interessiert sein an, etwas gerne tun
inviter à	einladen
se mettre à	anfangen
obliger à	verpflichten
passer du temps à	die Zeit damit verbringen
perdre du temps à	Zeit verschwenden
persister à	fortgesetzt etwas tun
pousser à	drängen
renoncer à	darauf verzichten, etwas zu tun
réussir à	es schaffen, etwas zu tun
servir à	zu etwas dienen
tarder à	zögern, säumen
tenir à	auf etwas Wert legen

(iii) *Verben + **de** + Infinitiv*

Die meisten Verb + Infinitiv-Konstruktionen im Französischen gehören dieser Gruppe an. Ist ein Verb nicht in einer der beiden oben aufgeführten Gruppen [➤8f(i), (ii)], so wird der Infinitiv meist mit **de** angeschlossen, zum Beispiel:

Il refuse *de* m'accompagner. Il m'accuse *d'*avoir organisé la réunion sans le consulter. J'ai essayé *de* le dissuader et je l'ai remercié *de* m'avoir aidé jusqu'à présent. Je ne sais pas quoi faire.	Er weigert sich, mich zu begleiten. Er beschuldigt mich, das Treffen organisiert zu haben, ohne ihn zu fragen. Ich habe versucht, ihn davon abzubringen und dankte ihm dafür, daß er mir bisher geholfen hatte. Ich weiß nicht, was ich tun soll.

8g ***Aller + Partizip Präsens***

Aller + Partizip Präsens deutet Zeitdauer an:

Le bruit va croissant.	Der Lärm nimmt ständig zu.

8h Verben + Partizip Perfekt

Meist werden im Französischen die Verben **avoir** und **être** zur Bildung von zusammengesetzten Tempora mit dem Partizip Perfekt verbunden [➤11c].

Das Verb **être** wird auch zur Bildung von Passivkonstruktionen mit dem Partizip Perfekt verbunden, zum Beispiel folgendermaßen:

Le restaurant est géré par un de mes amis.	Das Restaurant wird von einem meiner Freunde betrieben.

➤ [Wie man im Französischen ausdrückt, daß man »etwas machen läßt« ➤9f.]

9 Einstellungen zur Handlung: Modalverben

Ein Modalverb hat selten für sich allein genommen eine volle Bedeutung. Wie die nachstehende Aufstellung zeigt, sagt das Modalverb stattdessen etwas über die Beziehung zwischen Subjekt und Vollverb aus, das im Infinitiv ist:

Je *dois* voir un médecin.	Ich *muß* einen Arzt aufsuchen.
***Pouvez*-vous m'aider?**	*Können* Sie mir helfen?

Die französischen Modalverben sind:

devoir	müssen	**savoir**	können, wissen wie
falloir	nötig sein	**vouloir**	wollen, möchten
pouvoir	können		

In den folgenden Abschnitten wird die genaue Verwendung und die jeweilige Bedeutung der Modalverben erklärt.

9a *Devoir*

Das Verb **devoir** drückt eine Verpflichtung aus und verleiht dieser zentralen Bedeutung durch den Gebrauch von verschiedenen Tempora Nuancen und Variationen. Es entspricht einer Reihe von deutschen Ausdrucksmöglichkeiten, vom direkten »ich muß« bis zu »ich sollte, ich hätte sollen«. Genau wie im Deutschen drückt es auch eine starke Wahrscheinlichkeit aus, wie zum Beispiel »Das Paket muß doch angekommen sein.«

(i) *Im Präsens*

Da wir es hier mit der unmittelbaren Gegenwart zu tun haben, hat das Präsens von **devoir** die stärkste Bedeutung.

Elle *doit* m'obéir.	Sie *muß* mir gehorchen.
Je *dois* aller au Maroc la semaine prochaine.	Ich *muß* nächste Woche nach Marokko.

Es drückt auch eine starke Wahrscheinlichkeit aus, vor allem (jedoch nicht ausschließlich) wenn es als unpersönliches Verb gebraucht wird.

Il *doit* faire chaud au Maroc en ce moment.	In Marokko *muß* es zur Zeit heiß sein.
Vous *devez* être content d'aller dans un pays chaud.	Sie *müssen* sich freuen, in ein heißes Land zu reisen.

(ii) *Im Perfekt*

Ma femme *a dû* partir avant moi.	Meine Frau *mußte* vor mir gehen. (Verpflichtung) Meine Frau *muß* vor mir gegangen sein. (Annahme)

(iii) *Im Imperfekt*

Ma feme *devait* partir avant moi.	Meine Frau *mußte* vor mir gehen. (Verpflichtung) Meine Frau *hätte* vor mir gehen *sollen.* (Annahme)

(iv) *Im Plusquamperfekt*

Ma femme *avait dû* partir avant moi.	Meine Frau *hatte* vor mir gehen *müssen.*

(v) *Im Konditional*

Das Konditional von **devoir** wird häufig verwendet, denn es entspricht der Bedeutung »sollte«.

Je *devrais* lui téléphoner.	Ich *sollte* sie anrufen.

Manchmal kann es auch »müßte« bedeuten, aber diese Bedeutung wird häufiger mit **obliger** ausgedrückt:

Si je n'obtenais pas de visa, elle *serait obligée* de rentrer.	Wenn ich kein Visum bekomme, *müßte* sie zurückkehren.

(vi) Im Konditional II

Das Konditional II wird meist dazu verwendet, das Deutsche »hätte ... sollen« auszudrücken.

J'*aurais dû* lui téléphoner ce matin.	Ich *hätte* sie heute morgen anrufen *sollen*.

Es kann manchmal allerdings auch »hätte ... müssen« bedeuten.

Si je n'avais pas obtenu mon visa, j'*aurais dû* abandonner le projet.	Wenn ich kein Visum bekommen hätte, *hätte* ich das Projekt aufgeben *müssen*.

Devoir existiert auch als gewöhnliches Hauptverb mit der Bedeutung »schulden«:

Ma banque me *doit* deux cents francs.	Meine Bank *schuldet* mir zweihundert Francs.

9b Falloir

(i) Notwendigkeit oder Verpflichtung

Das Verb **falloir** existiert nur in der unpersönlichen Form **il faut** und in anderen Tempora. Wie **devoir** drückt es Notwendigkeit und Verpflichtung aus, durch die unpersönliche Form kann diese Notwendigkeit jedoch ausgedrückt werden, ohne auszusagen, wem diese Verpflichtung obliegt:

Il faut trouver une solution.	Es muß eine Lösung gefunden werden.

*(ii) **Il faut** Ich muß/wir müssen*

Obgleich es sich hier um ein unpersönliches Verb handelt, läßt sich dem Zusammenhang oft eine persönlichere Auslegung entnehmen:

Il faut surtout lui demander de nous rembourser.	Wir müssen unbedingt verlangen, daß er uns unser Geld zurückzahlt.

Theoretisch kann **il faut** durch den Gebrauch des Personalpronomens für das indirekte Objekt eine Personenangabe beigefügt werden:

Il me faut partir.	Ich muß gehen.

Diese Konstruktion gilt jedoch heute als altmodisch und steif und man sagt stattdessen:

Il faut que je parte.	Ich muß gehen.

Hier wird der Konjunktiv [➤14] gebraucht, der im Französischen weitaus häufiger verwendet wird als in der deutschen Umgangssprache.

(iii) *Andere Tempora*

Il faut gibt es auch in anderen Tempora, und seine Bedeutung ist jeweils der Bedeutung von **devoir** ähnlich [➤9a]:

Il *fallait que* je parte très tôt.	Ich *mußte* sehr früh gehen. (Imperfekt)
Il *faudrait* partir tout de suite.	Ich *müßte* (wir/Sie müßten usw.) sofort gehen. (Konditional)

Beachten Sie, daß der Konjunktiv **je parte** im ersten der vorstehenden Beispiele im Präsens ist, obgleich das Hauptverb **il fallait** im Imperfekt ist. Im täglichen Sprachgebrauch wird nur die Präsensform des Konjunktivs verwendet [➤17f].

9c *Pouvoir*

(i) *Können*

Pouvoir drückt »können« aus, in der Bedeutung »körperlich dazu in der Lage sein«, »dazu ermächtigt sein«, »die Erlaubnis haben zu«, und entspricht somit dem Deutschen »können« und »dürfen«.

Je *peux* stationner là?	*Kann/Darf* ich hier parken? (Ist es gestattet?)
Je *ne peux pas* ouvrir la porte.	Ich *kann* die Tür nicht öffnen. (Ich bin nicht in der Lage.)

Nous *pouvons* passer la journée ensemble.	Wir *können* den Tag zusammen verbringen.

(ii) *Möglichkeit*

Pouvoir drückt auch eine Möglichkeit aus, vor allem, wenn es im Konditional gebraucht wird:

Elle *pourrait* arriver ce soir, mais cela m'étonnerait.	Sie *könnte* heute abend ankommen, aber das würde mich überraschen.
Elle *aurait pu* manquer le train.	Sie *könnte* den Zug verpaßt haben.

(iii) ***Se pouvoir***

Die Möglichkeit kann auch durch den Gebrauch der unpersönlichen reflexiven Form **se pouvoir** ausgedrückt werden:

***Il se peut* que quelqu'un l'ait vue.**	*Es ist möglich*, daß sie jemand gesehen hat.

Beachten Sie, daß auf **se pouvoir** der Konjunktiv folgt [➤14c].

(iv) **Pouvoir** kann zusammen mit dem Infinitiv von unpersönlichen Ausdrücken wie **il y a** (Infinitiv **y avoir**) oder **il arrive** gebraucht werden:

***Il peut y avoir* un problème.**	*Es könnte* ein Problem *geben*.
***Il pourrait arriver* que...**	*Es könnte sein*, daß ...

9d ***Savoir***

(i) ***Savoir*** *oder* ***pouvoir***

Savoir wird als Modalverb nur in der Bedeutung »imstande sein« verwendet. Dieser Umstand wird im Deutschen jedoch häufig mit dem Wort »können« ausgedrückt, daher besteht hier die Gefahr, daß Deutsche **savoir** und **pouvoir** verwechseln.

Tu *peux* conduire, si tu veux.	Du *kannst* fahren, wenn du möchtest.

Non, je *ne peux pas*, je *ne sais pas* conduire.	Nein, ich *kann* nicht. Ich *kann* nicht autofahren.

(ii) Je ne saurais pas

Der Ausdruck **je ne saurais pas** hat die Bedeutung »ich könnte unmöglich«, »ich könnte nie«:

***Je ne saurais pas* abandonner mes enfants.**	Ich *könnte* meine Kinder *unmöglich* verlassen.

*(iii) **Savoir** Wissen*

Savoir wird viel häufiger nicht als Modalverb sondern als Hauptverb mit der Bedeutung »wissen« gebraucht.

***Savez-vous* à quel étage ils habitent?** **Non, mais je *sais* que ce n'est pas au rez-de-chaussée.**	*Wissen* Sie, in welchem Stockwerk sie wohnen? Nein, aber ich *weiß*, daß es nicht im Erdgeschoß ist.

9e Vouloir

(i) Einen Wunsch ausdrücken

Wie andere Modalverben [➤9a–d] kann auch **vouloir** verschiedene Bedeutungen haben. Im Französischen dient es vor allem dazu, einen Wunsch auszudrücken.

Je *veux* m'acheter un nouveau costume. **Elle ne *veut* pas divorcer.**	Ich *will* mir ein neues Kostüm kaufen. Sie *will* keine Scheidung.

(ii) Bereitschaft ausdrücken

Mit **vouloir** wird häufig auch eine Bereitschaft ausgedrückt, vor allem in feststehenden Ausdrücken wie **je veux bien** »ich würde gerne«:

***Je veux bien* l'aider, mais il ne veut pas.**	Ich *würde* Ihm *gern* helfen, aber er will es nicht.

Voulez-vous und **veux-tu** sind Standardformeln für höfliche Anfragen:

***Voulez-vous* me suivre, s'il vous plait?**	*Würden* Sie mir bitte folgen?
***Veux-tu* un chocolat?**	*Möchtest* du eine Schokolade?

(iii) *Gerne mögen*

Das Konditional von **vouloir** wird häufig auch gebraucht, um »ich möchte gerne« und »ich hätte gerne« auszudrücken.

Je *voudrais* un kilo d'aubergines.	Ich *hätte gern* ein Kilo Auberginen.
J'*aurais voulu* le remercier.	Ich *hätte* ihm *gerne* gedankt.

⚠ **Vouloir** bedeutet im Ausdruck **en vouloir à quelqu'un** »etwas gegen jemanden haben/jemandem böse sein«:

Il *m'en veut* parce que j'ai eu une augmentation.	Er hat etwas gegen mich, weil ich eine Gehaltserhöhung bekommen habe.

➤ [Mehr zum Gebrauch von **vouloir** als Imperativ (Befehlsform) ➤13b(iii).]

9f ***Faire, laisser* usw. + *Infinitiv***

Die in diesem Abschnitt behandelten Verben sind keine Modalverben [➤9a–e], können jedoch auf ähnliche Art mit Infinitiven verwendet werden, um eine neue oder veränderte Bedeutung zu schaffen.

(i) ***Faire***

***(A)* Faire** + Infinitiv bedeutet »etwas tun/machen lassen«.

Est-ce que le propriétaire *a fait réparer* la voiture?	Hat der Besitzer das Auto *reparieren lassen*?
Oui, il l'*a fait réparer.*	Ja, er hat es *reparieren lassen.*

Bei Konstruktionen von **faire** + Infinitiv werden alle Objektpronomina (**l'** im vorstehenden Beispiel) vor *beide* Verben gestellt, und nicht wie bei der Mehrzahl der Verb + Infinitiv-Konstruktionen vor den Infinitiv. Beachten Sie auch, daß wenn hier das Partizip Perfekt **fait** gebraucht wird, dieses nicht wie sonst an das vorangehende direkte Objekt angepaßt wird [➤10c].

(B) **Faire** + Infinitiv bedeutet auch »jemanden veranlassen, etwas zu tun«:

L'instituteur *a fait chanter sa classe.*	Der Lehrer *ließ seine Klasse singen.*

Beachten Sie, daß hier die Satzstellung im Deutschen anders ist: im Französischen kann **sa classe** nicht zwischen **fait** und **chanter** gestellt werden.

Folgen zwei Objekte auf **faire** + Infinitiv, so wird das sich auf **faire** beziehende Objekt zum indirekten Objekt:

L'instituteur a fait chanter la Marseillaise *à sa classe.*	Der Lehrer ließ *seine Klasse* die Marsaillaise singen.

(C) **Faire** + reflexives Verb im Infinitiv: Ist der auf **faire** folgende Infinitiv reflexiv, so entfällt das Reflexivpronomen:

L'instituteur fait asseoir sa classe.	Der Lehrer läßt seine Klasse setzen.

Wenn Sie ausdrücken wollen »jemanden zwingen, etwas zu tun«, verwenden Sie nicht **faire**, sondern ein Verb wie **obliger.**

Il les *oblige* à s'asseoir.	Er *zwingt* sie dazu, sich zu setzen.

(D) Beachten Sie auch:

faire voir	zeigen

Il m'*a fait voir* ses photos.	Er zeigte mir seine Photos.

faire entrer	jemanden hereinlassen
faire sortir	jemanden hinauslassen
faire venir	nach jemandem schicken

(ii) Laisser

Folgt ein Infinitiv auf **laisser,** so bedeutet es »jemanden etwas tun lassen« oder »etwas geschehen lassen«.

Il *nous a laissé sortir* par la porte arrière.	Er *ließ* uns zur Hintertür hinaus.

• Die Sonderregeln in bezug auf die Anpassung des Partizip Perfekt und auf reflexive Verben, wenn **faire** mit einem Infinitiv verwendet wird [➤9f(i) oben], treffen auch auf **laisser** zu, wenn es auf diese Art gebraucht wird.

• Man sollte darauf achten, **laisser tomber** »fallenlassen« (in der Bedeutung: ein Thema, eine Idee) nicht mit **faire tomber** »fallenlassen, umstoßen« (einen Gegenstand) zu verwechseln.

10 Nicht zeitgebundene Verbformen

10a Der Infinitiv

Der Infinitiv ist die Verbform, die meist in Wörterbüchern angegeben wird. Er ist die Grundform des Verbs und bezeichnet eine bestimmte Handlung ohne Bezug auf besondere Umstände. In einem Satz verhält er sich eher wie ein Substantiv, wenn er zum Beispiel auf ein Hauptverb oder eine Präposition folgt:

Je préfère *rester*.	Ich ziehe es vor *zu bleiben*.
Elle aimerait *partir*.	Sie würde gerne *gehen*.

(i) *Formen des Infinitivs*

Der Infinitiv der meisten französischen Verben endet in **-er, -ir,** oder **-re.** Eine kleine Anzahl endet in **-oir.**

fumer	rauchen
finir	beenden
vendre	verkaufen
recevoir	empfangen

(ii) *Gebrauch*

Die hauptsächliche Verwendung des Infinitivs wird in den folgenden Abschnitten beschrieben:

➤ [Reiner Infinitiv ➤8f(i); Verben + Präpositionen + Infinitiv ➤8f(ii–iii); Modalverben + Infinitiv ➤9.]

(iii) *Der substantivierte Infinitiv*

Nimmt ein Infinitiv die Stellung eines Substantivs ein, so kann er zum Beispiel auch das Subjekt oder Objekt eines Verbs sein:

***Voyager* coûte cher.**	*Reisen* ist teuer.
Mais j'adore *voir* d'autres pays.	Aber ich liebe es, andere Länder *zu sehen*.

(iv) Verneinter Infinitiv

Wenn ein Infinitiv verneint wird, werden **ne** und **pas,** die das Verb gewöhnlich einfassen, zusammen vor den Infinitiv gestellt [➤25a]:

***Ne pas visiter* d'autres pays, ce serait dommage.**	Andere Länder *nicht zu besuchen* wäre schade.

(v) Manche Infinitive haben sich als Substantive verselbständigt, wie zum Beispiel:

le devoir	Pflicht
le savoir	Wissen
le rire	Lachen

10b Das Partizip Präsens

(i) Wie man das Partizip Präsens bildet

Das Partizip Präsens wird im Französischen durch Ersetzen der Silbe **-ons** am Ende der Form für die erste Person Plural der Gegenwart durch die Silbe **-ant** gebildet.

nous partons	**partant**	verlassend
nous finissons	**finissant**	beendend

Die einzigen Ausnahmen sind **ayant** (**avoir**), **étant** (**être**) und **sachant** (**savoir**).

Die Verneinung erfolgt wie bei den einfachen Verben:

***N'ayant pas* de leurs nouvelles, je leur ai écrit.**	Da ich nichts Neues von ihnen gehört hatte, schrieb ich ihnen.

(ii) Das Partizip Präsens als Adjektiv

Wenn das Partizip Präsens als Adjektiv gebraucht wird, wird es wie üblich dem Substantiv angeglichen:

une étoile filante	eine Sternschnuppe
des scènes effrayantes	erschreckende Szenen

(iii) Das Partizip Präsens als Verb

(A) Wird es als Verb gebraucht, so geht dem Partizip Präsens im Französischen häufig **en** voraus, um »als«, »während« usw. auszudrücken.

En arrivant **à la maison j'ai téléphoné au garage.**	*Als ich* nach Hause *kam*, rief ich die Werkstatt an.
J'ai trouvé le numéro *en regardant* dans l'annuaire.	Ich fand die Nummer, *indem ich* sie im Telefonbuch *nachschlug*.
En attendant **que le garage réponde, j'ai remarqué une enveloppe sur la tablette.**	*Während ich* darauf *wartete*, daß in der Werkstatt abgenommen wurde, bemerkte ich einen Umschlag auf dem kleinen Tisch.

(B) Wird **tout** vor **en** gestellt, so betont dies die Gleichzeitigkeit zweier Handlungen oder räumt ein Zugeständnis ein:

Tout *en conduisant*, il a enlevé sa veste.	*Während er noch autofuhr*, zog er seine Jacke aus.
Tout *en acceptant* que tu as droit à tes opinions, je ne vais pas changer d'avis.	*Obgleich ich zugestehe*, daß du ein Recht auf deine Meinungen hast, ändere ich meine Meinung nicht.

(C) Wird das Partizip Präsens ohne **en** verwendet, so laufen die dargestellten Handlungen nacheinander ab.

Ramassant **ses bagages, il est sorti sans dire un mot.**	*Er nahm* sein Gepäck und ging, ohne ein Wort zu sagen.

(iv) *Das Partizip Präsens als Substantiv*

Manchmal wird das Partizip Präsens als Substantiv gebraucht; so bedeutet zum Beispiel **un(e) passant(e)** »ein Passant/eine Passantin« und **un(e) survivant(e)** »ein Überlebender/eine Überlebende«.

10c *Das Partizip Perfekt*

(i) *Wie man das Partizip Perfekt bildet*

Das Partizip Perfekt von regelmäßigen Verben wird folgendermaßen gebildet:

Infinitiv	*Partizip Perfekt*
porter	**porté**
finir	**fini**
vendre	**vendu**

➤ [Partizip Perfekt der unregelmäßigen Verben ➤17f.]

(ii) Wie man das Partizip Perfekt verwendet

(A) Zur Bildung von zusammengesetzten Tempora:

J'ai *suivi* vos instructions. Je suis *allé* au bureau du service après-vente.	Ich folgte Ihren Anweisungen. Ich ging zur Kundendienststelle.

➤ [Ausführliche Einzelheiten zum Partizip Perfekt in den zusammengesetzten Tempora ➤11, 12.]

(B) Mit **être** zur Bildung des Passiv:

La visite *est suivie* d'un repas.	Der Besuch *wird* von einem Essen *gefolgt*.

➤ [Ausführliche Einzelheiten zum Partizip Perfekt im Passiv ➤15.]

(C) Als Adjektiv, dann wird es in der üblichen Weise dem Substantiv angeglichen:

***Fatigués* et *déçus*, ils sont rentrés chez eux.**	*Müde* und *enttäuscht* kehrten sie nach Hause zurück.

⚠ Im Französischen wird manchmal das Partizip Perfekt verwendet, vor allem, wenn Körperhaltungen beschrieben werden, während hier im Deutschen meist das Verb im Präsens verwendet wird.

Je suis suspendu à tes lèvres.	Ich hänge an deinen Lippen.

11 Der Zeitverlauf und die Tempora

11a *Was sagen uns die Tempora?*

Die *Tempora*, oder die »Zeiten« (lateinisch **tempus** = »Zeit«) im grammatikalischen Sinn sind nicht mit »Zeit« als solcher gleichzusetzen, obgleich man von beiden oft mit den gleichen Worten spricht. Die Zeit ist Teil unseres Lebens und teilt sich in drei Abschnitte auf, nämlich Vergangenheit, Gegenwart und Zukunft. Die Tempora sind hingegen grammatikalische Strukturen, die oft nicht nur den Zeitpunkt eines Geschehens aufzeichnen, sondern auch den Standpunkt des Sprechers darstellen. Die Anzahl der Tempora, ihre Bezeichnung und ihr Gebrauch sind von Sprache zu Sprache äußerst unterschiedlich.

11b *Ein Wort oder zwei? Einfache und zusammengesetzte Tempora*

In der Grammatik spricht man von einem *einfachen* Tempus, wenn das Verb mit einem einzigen Wort dargestellt wird, während *zusammengesetzte* Tempora aus mindestens zwei Wörtern (einem Hilfsverb + einem oder mehreren Partizipien) bestehen. Im Indikativ (auch Aussage- oder Wirklichkeitsform genannt) hat das Französische fünf einfache und fünf zusammengesetzte Tempora und im Konjunktiv zwei einfache und zwei zusammengesetzte Tempora.

➤ [Eine Definition von Indikativ und Konjunktiv ➤14a.]

11c *Welche Tempora muß ich lernen?*

Erschreckt Sie die Aussicht darauf, sieben einfache und sieben zusammengesetzte Tempora lernen zu müssen, so wird es Sie bestimmt freuen, daß nicht alle, die Französisch lernen wollen, auch unbedingt all diese Tempora lernen müssen. Manche Tempora gibt es nur in der Schriftsprache und in offiziellen Akten. Sie können diese entweder gar nicht lernen, oder nur lernen, sie beim Lesen zu erkennen. Der nachstehenden Aufstellung können Sie entnehmen, wie nützlich die jeweiligen Tempora für die gesprochene Sprache und die Schriftsprache sind (••• äußerst nützlich, •• nützlich, • selten gebraucht). Wenn ein Tempus in der gesprochenen Sprache nicht verwendet wird, so ist es mit xxx gekennzeichnet.

Einfache Tempora		***gesprochen***	***schriftlich***
Präsens	**je mange** ich esse	•••	•••
Futur I	**je mangerai** ich werde essen	••	•••
Imperfekt	**je mangeais** ich aß	•••	•••
Konditional I	**je mangerais** ich würde essen	•••	•••
Passé simple	**je mangeai** ich aß	xxx	••
Konjunktiv Präsens	**je mange** (daß) ich esse	•••	•••
Konjunktiv Imperfekt	**je mangeasse** (daß) ich äße	xxx	•

Zusammengesetzte Tempora		***gesprochen***	***schriftlich***
Perfekt	**j'ai mangé** ich habe gegessen, ich aß	•••	•••
Plusquamperfekt	**j'avais mangé** ich hatte gegessen	•••	•••
Futur II	**j'aurai mangé** ich werde gegessen haben	•	•••
Konditional II	**j'aurais mangé** ich hätte gegessen/ich würde gegessen haben	••	•••
Passé antérieur	**j'eus mangé** ich hatte gegessen	xxx	•
Konjunktiv Perfekt	**j'aie mangé** (daß) ich gegessen habe	••	••
Konjunktiv Plusquamperfekt	**j'eusse mangé** (daß) ich gegessen hätte	xxx	•

11d Hilfsverben in zusammengesetzten Tempora

(i) Avoir

Die meisten französischen Verben bilden ihre zusammengesetzten Tempora mit dem Hilfsverb **avoir:**

avoir mangé	gegessen haben	*Infinitif passé*
j'ai mangé	ich habe gegessen, ich aß	*passé composé*
j'avais mangé	ich hatte gegessen	*plus-que-parfait*
j'aurai mangé	ich werde gegessen haben	*futur II*
j'aurais mangé	ich hätte gegessen	*conditionnel II*
j'eus mangé	ich hatte gegessen	*passé antérieur*
j'aie mangé	(daß) ich gegessen habe	*passé du subjonctif*
j'eusse mangé	(daß) ich gegessen hätte	*plus-que-parfait du subjonctif*

(ii) Être

Ein kleine Anzahl von Verben bilden ihre zusammengesetzten Tempora mit **être:**

être arrivé	angekommen sein	*Infinitif passé*
je suis arrivé	ich bin angekommen, ich kam an	*passé composé*
j'étais arrivé	ich war angekommen	*plus-que-parfait*
je serai arrivé	ich werde angekommen sein	*futur II*
je serais arrivé	ich wäre angekommen	*conditionnel II*
je fus arrivé	ich war angekommen	*passé antérieur*
je sois arrivé	(daß) ich angekommen sei	*passé du subjonctif*
je fusse arrivé	(daß) ich angekommen wäre	*plus-que-parfait du subjonctif*

Welche Verben bilden ihre zusammengesetzten Tempora mit être?

• ALLE reflexiven Verben;
• die folgenden Verben samt anderen Verben, die auf ihnen beruhen:

aller	gehen	
venir	kommen	(+ **devenir, revenir, parvenir** usw.)
retourner	zurückkehren	
arriver	ankommen	
partir	verlassen	(+ **repartir**)

entrer	eintreten/hereinkommen	(+ **rentrer**)
sortir	ausgehen/weggehen	(+ **ressortir**)
monter	steigen/hinaufgehen	(+ **remonter**)
descendre	herabsteigen/-gehen	(+ **redescendre**)
tomber	fallen	(+ **retomber**)
naître	geboren werden	(+ **renaître**)
mourir	sterben	
rester	bleiben	

(iii) *Reflexive Verben*

Von vielen Verben gibt es sowohl eine reflexive als auch eine nicht reflexive Form. Die reflexive Form bildet die zusammengesetzten Tempora mit **être,** die nicht reflexive Form mit **avoir.**

Je me suis lavé.	Ich habe mich gewaschen.
J'ai lavé la voiture.	Ich habe das Auto gewaschen.

Beachten Sie auch, daß die oben in *(ii)* aufgeführten Verben nur mit **être** verbunden werden, wenn sie intransitiv gebraucht werden, d.h. ohne Objekt [➤8a]. Einge Verben in der Aufstellung können auch transitiv gebraucht werden, d.h. mit einem Objekt. In diesem Fall bilden sie die zusammengesetzten Tempora mit **avoir:**

Elle est sortie à midi.	Sie ging mittags weg.
Elle a sorti la voiture.	Sie holte das Auto heraus.
Je suis descendu.	Ich ging nach unten.
J'ai descendu les bagages.	Ich trug das Gepäck hinunter.

11e Angleichung des Partizip Perfekts bei zusammengesetzten Tempora

Die folgenden Regeln zur Angleichung des Partizip Perfekts gelten für alle zusammengesetzten Tempora.

(i) *Mit **avoir** gebildete zusammengesetzte Tempora*

Gewöhnlich bleibt das Partizip Perfekt eines mit **avoir** konjugierten Verbs unverändert:

Elle a *perdu* ses lunettes de soleil.	Sie hat ihre Sonnenbrille verloren.

Hat das Verb jedoch *ein direktes Objekt, das dem Verb vorausgeht,* so wird das Partizip Perfekt in Numerus (Singular bzw. Plural) und Geschlecht dem direkten Objekt angeglichen. Im vorstehenden Beispiel *folgt* das direkte Objekt auf das Verb (wie das häufig der Fall ist), daher ist eine derartige Angleichung nicht erforderlich. Die nachstehenden Beispiele zeigen, wie das direkte Objekt dem Verb vorausgehen kann:

Wenn das direkte Objekt ein Relativpronomen ist [➤21j]:

Voilà les lunettes que j'avais *perdues*.	Hier ist die Brille, die ich verloren hatte. *(Direktes Objekt ist* ***que,*** *d.h. les lunettes)*

Wenn das direkte Objekt ein Personalpronomen ist [➤21b(vi)]:

Je les ai *perdues* dans le sable.	Ich habe sie im Sand verloren. *(Das direkte Objekt* ***les (lunettes)*** *geht dem Verb gewöhnlich*

Wenn das direkte Objekt ein interrogatives Bestimmungswort oder Pronomen ist [➤21g, 19b]:

Lesquelles as-tu *perdues*, les vieilles?	Welche hast du verloren, die alten? *(Direktes Objekt ist* ***lesquelles (lunettes)****)*

(ii) *Mit* ***être*** *gebildete zusammengesetzte Tempora*

Eine kleine Gruppen von Verben [➤11c] bilden ihre zusammengesetzten Tempora mit **être.** Das Partizip Perfekt dieser Verben stimmt in Numerus und Geschlecht mit dem Subjekt des Verbs überein:

Nous sommes *allés* au match ensemble...	Wir sind zusammen zum Spiel gegangen ...
...mais elle est *rentrée* avant moi.	... aber sie kam vor mir zurück.

Da die meisten reflexiven Verben ein direktes Objekt haben (das Reflexivpronomen), das dem Verb vorausgeht, wird das Partizip Perfekt entsprechend der oben in (i) dargelegten Regel angeglichen.

Elle s'est *couchée* à minuit.	Sie ging um Mitternacht zu Bett.

Bei manchen reflexiven Verben ist das Reflexivpronomen ein *indirektes Objekt*, in diesem Fall wird das Partizip Perfekt nicht angeglichen:

Ils se sont *téléphoné* tous les jours.	Sie *riefen* einander jeden Tag *an*.
Elle s'est *frotté* les yeux.	Sie *rieb* sich die Augen.

12 Der Gebrauch der Tempora

In diesem Kapitel betrachten wir den Gebrauch der verschiedenen Tempora im Französischen im *Indikativ*. Im Gegensatz zum *Konjunktiv* (der im allgemeinen eine Annahme, Befürchtung, einen Zweck oder Wunsch usw. ausdrückt ➤14) oder dem *Imperativ* (der Befehlsform ➤13), ist der Indikativ die normale Aussageform.

12a Das Präsens

➤ [Einzelheiten zur Bildung des Präsens ➤16b]

(i) Das Präsens wird im Französischen gebraucht:

(A) Um die gegenwärtige Situation darzustellen:

Nous passons quelques semaines en Provence.	Wir verbringen ein paar Wochen in der Provence.

Wenn betont werden soll, daß eine Handlung gerade im Gange ist, so verwendet man dazu **en train de** + Infinitiv.

Je suis en train d'écrire des cartes postales à tous mes amis.	Ich schreibe gerade all meinen Freunden Postkarten.

(B) Um ausdrücken, was manchmal oder gewöhnlich geschieht:

Nous louons cette maison tous les ans.	Wir mieten dieses Haus jedes Jahr.

(C) Um auszudrücken, was in der Zukunft geschieht:

Nous rentrons à Paris la semaine prochaine.	Wir kehren nächste Woche nach Paris zurück.

Anmerkung: Ebenso wie im Deutschen ist es auch im Französischen möglich und durchaus üblich, etwas, das in der Zukunft eintritt, mit dem Präsens auszudrücken.

(D) Einen Zustand oder eine Handlung darzustellen, die in der Vergangenheit begann und weiter andauert. Dazu werden **depuis** oder **depuis que** »seit« verwendet:

Il *fait* un temps superbe depuis que nous sommes arrivés...	Das Wetter war ausgezeichnet, seit wir angekommen sind ...
... mais depuis hier le temps *devient* orageux.	... aber seit gestern ist es gewittrig.
Nous sommes ici depuis un mois.	Wir sind seit einem Monat hier.

Bei verneinten Sätzen folgt jedoch eine Vergangenheitsform auf **depuis:**

Nous *n'avons pas eu* de pluie *depuis* six mois.	Wir haben seit sechs Monaten keinen Regen gehabt.

Depuis wird auch mit dem Imperfekt verwendet [➤12c(iv)].

Soll die verstrichene Zeit betont werden, so sind die folgenden Ausdrücke besonders nützlich und wären **depuis** vorzuziehen. Man würde zum Beispiel solch einen Satz nicht mit **depuis** beginnen:

Voilà une heure qu'on attend.	Wir warten seit einer Stunde.
Ça fait une heure qu'on attend.	
Il y a une heure qu'on attend.	

(E) Bei **je viens de** + Infinitiv. Man verwendet das Präsens von **venir** häufig in der Konstruktion **venir de (faire quelque chose)**, um eine Handlung in der jüngsten Vergangenheit zu beschreiben. Das entspricht dem deutschen Ausdruck »ich habe gerade«.

Je viens de cueillir des prunes.	Ich habe gerade Pflaumen gepflückt.

Venir de + Infinitiv wird auf ähnliche Weise auch im Imparfait verwendet [➤12c(iv)].

(F) Für das historische Präsens. Vor allem in Zeitungsberichten wird im Französischen häufig das Präsens verwendet, wo man eigentlich ein Tempus der Vergangenheit erwartet. Diesen Schreibstil, der verwendet wird, um die Darstellung der Ereignisse lebhafter und aktueller zu gestalten, bezeichnet man als das historische Präsens. Beachten Sie bitte das Imparfait bei **détenait**, das illustriert, daß das historische Präsens in der Tempusfolge wie ein Tempus der Vergangenheit behandelt wird:

Le Britannique Nigel Mansell (Williams-Renault) *remporte* le grand prix du Portugal de Formule 1, devant l'Autrichien Gerhard Berger et le Brésilien Ayrton Senna, tous deux sur Marlborough McLaren Honda. Avec ce neuvième succès, Mansell *bat* le record de victoires en une saison qu'il *détenait* conjointement avec Senna.	Der Brite Nigel Mansell (Williams-Renault) gewann den portugiesischen Grand Prix der Formel 1 vor dem Österreicher Gerhard Berger und dem Brasilier Ayrton Senna, beide in Marlborough McLaren Hondas. Mit diesem neunten Sieg brach Mansell den Rekord der Anzahl von Siegen pro Saison, den er gemeinsam mit Senna hielt.

12b Das Perfekt

➤ [Einzelheiten zur Bildung des Perfekts ➤16b; Hilfsverben mit dem Perfekt ➤11c; und Angleichen des Partizip Perfekts ➤11d.]

Das französische Perfekt erfüllt einen doppelten Zweck. Einmal entspricht es dem deutschen Perfekt »ich habe gesprochen«, zum anderen aber auch dem Präteritum (der einfachen Vergangenheit) »ich sprach«, das im Französischen als das epische Präteritum *passé simple* [mehr zur epischen Vergangenheit ➤12d] im allgemeinen nur in der Schriftsprache gebraucht wird.

(i) Mit dem Perfekt kann man auch etwas ausdrücken, das in der Vergangenheit geschehen ist, aber trotzdem auf das Hier und Jetzt Einfluß hat:

J'ai perdu un gant. Est-ce que tu l'as vu?	Ich habe einen Handschuh verloren. Hast du ihn gesehen?

Obgleich es sich um ein Tempus der Vergangenheit handelt, sind die dargestellten Handlungen doch gegenwärtig. Das Gespräch könnte zum Beispiel gut folgendermaßen weitergeführt werden:

Je l'ai trouvé!	Ich habe ihn gefunden!

Das Plusquamperfekt
Diesem erstgenannten Gebrauch des Perfekts gehört das Plusquamperfekt zu; es wird ähnlich wie das Perfekt gebildet, allerdings steht hier das Hilfsverb statt im Präsens im Imperfekt:

J'avais perdu un gant.	Ich hatte einen Handschuh verloren.
J'étais montée voir si je l'avais laissé dans notre chambre.	Ich war nach oben gegangen, um zu sehen, ob ich ihn in unserem Zimmer gelassen hatte.

(ii) In der gesprochenen und informellen Schriftsprache ersetzt das Perfekt das Passé simple [➤12d], das dem schriftlichen Erzählstil and anderen formellen Gebräuchen vorbehalten ist:

Nous *avons quitté* le théâtre vers onze heures, nous *avons pris* un taxi, et nous *sommes arrivés* à la maison vers onze heures et demie.	Wir *verließen* das Theater gegen elf, *nahmen* ein Taxi und *kamen* gegen halb zwölf zuhause *an*.

Die Ereignissen im vorstehenden Beispiel sind abgeschlossene Handlungen. Handelt es sich um wiederholte Handlungen, so wird das Imperfekt gewählt:

Tous les soirs, je *quittais* le théâtre vers onze heures et je *prenais* un taxi pour rentrer chez moi.	Jeden Abend *verließ* ich das Theater gegen elf und *nahm* ein Taxi nach Hause.

Eine gerade ausgeführte Handlung kann auch durch **je viens de** + Infinitiv »ich habe gerade« ausgedrückt werden [➤12a(v)].

12c Das Imperfekt

Das Wort Imperfekt stammt vom lateinischen **imperfectus**, was »unvollständig« bedeutet. Daraus läßt sich auf eine der Hauptverwendungsarten dieses Tempus im Französischen schließen. Das Imperfekt wird gebraucht:

(i) Um auszudrücken, daß etwas nicht abgeschlossen oder andauernd ist, oder möglicherweise durch ein anderes Ereignis unterbrochen wurde:

Moi, je *dormais* dans le fauteuil, et ma femme *travaillait* à l'ordinateur, quand les enfants sont rentrés. Il *faisait* déjà nuit.	Ich *schlief* im Sessel und meine Frau *arbeitete* am Computer, als die Kinder zurückkehrten. Es *war* bereits dunkel.

(ii) Um anzudeuten, daß etwas in der Vergangenheit wiederholt oder regelmäßig geschehen ist:

Normalement je *passais* mes weekends à travailler au jardin.	Normalerweise *verbrachte* ich meine Wochenenden damit, im Garten zu arbeiten.

(iii) In manchen Konditionalsätzen mit **si:**

***Si* je *connaissais* son adresse, j'irais le voir.**	Wenn ich seine Adresse *wüßte*, würde ich ihn besuchen.

➤ [Ausführliche Einzelheiten zu Konditionalsätzen ➤12g.]

(iv) Mit **depuis/depuis que** »seit«, **il y a** »vor« (Zeit) und **venir de** »seit«:

J'*habitais* le quartier *depuis* quelques années.	Ich *lebte* einige Jahre in diesem Viertel.
Il y avait dix jours que les enfants étaient en vacances.	Die Kinder hatten seit zehn Tagen Ferien.
Je venais de les emmener voir leurs grand-parents.	Ich hatte sie gerade zu ihren Großeltern gebracht.

(v) In der indirekten Rede oder bei indirekten Fragen in der Vergangenheit:

Quand je lui ai demandé ce qu'il *faisait* dans la vie, il m'a dit qu'il *travaillait* dans le tourisme.	Als ich ihn fragte, wie er sich seinen Lebensunterhalt *verdiente*, sagte er mir, daß er im Tourismus *arbeitet*.

12d Das Passé simple

Das *Passé simple*, die »epische Vergangenheit« war die urprünglich zur Darstellung von in der Vergangenheit liegenden Ereignissen gebrauchte Form.

Le train *s'arrêta*. Tout le monde *descendit*. Les douaniers *inspectèrent* les passeports des voyageurs.	Der Zug *hielt an*. Alle *stiegen aus*. Die Zöllner *inspizierten* die Pässe der Reisenden.

Heute wird es allerdings nur noch in der Literatur und offiziellen Dokumenten verwendet. In Zeitungen, dem täglichen Sprachgebrauch und der informellen Schriftsprache wird es mittlerweile größtenteils vom Perfekt ersetzt.

12e Das Futur

(i) Ausdrücken der Zukünftigkeit

Die Zukünftigkeit kann im Französischen auf mehrere Arten ausgedrückt werden:

Durch Verwendung der Gegenwart, vor allem, wenn gegenwärtige Absichten mitgeteilt werden:

Nous *partons* le 23 juillet.	Wir *reisen* am 23. Juli *ab*.

Durch Verwendung der Gegenwart von **aller** »gehen« + Infinitiv. So wird eine aktuelle Absicht kundgetan:

Nous *allons visiter* trois continents en un mois.	Wir *bereisen* drei Kontinente in einem Monat.

Durch das Futur, das häufig ohne weiteres mit den oben aufgeführten Formen ausgetauscht werden kann. Es drückt jedoch nicht unbedingt eine gegenwärtige Absicht aus.

La nuit du dimanche 13 octobre, il n'y *aura* pas de lune.	In der Nacht vom Sonntag dem 13. Oktober *ist* Neumond.

(ii) *Das Futur in Konditionalsätzen*

Das Futur wird in Konditionalsätzen gebraucht [➤12g]:

Si j'ai d'autres nouvelles, je t'*écrirai.*	Wenn ich weitere Neuigkeiten haben sollte, *werde* ich dir *schreiben.*

(iii) *Warnungen*

Will man jemanden warnen, so verwendet man besser **aller:**

Attention! Tu *vas* te faire mal!	Achtung! Du *wirst* dir wehtun!

(iv) ***Quand, dès que*** *+ Futur*

Nach einer Reihe von Zeitangaben wie zum Beispiel **quand** »wenn« und **dès que** »sobald«, wo man im Deutschen das Präsens nehmen würde:

–Quand vous le *verrez,* est-ce que vous *pourrez* lui dire que je n'ai toujours pas eu de réponse à mon invitation? **–Oui je le lui dirai dès que je le *verrai.***	»Wenn Sie ihn *sehen, können* Sie ihm sagen, daß ich noch immer keine Antwort auf meine Einladung erhalten habe?« »Ja, ich sage es ihm, sobald ich ihn *sehe.*«

12f *Das Futur II*

Das Futur II ist ein zusammengesetztes Tempus, das aus dem Hilfsverb im Futur + Partizip Perfekt gebildet wird, und den Umstand »ich werde etwas getan haben« ausdrückt.

J'aurai terminé ce chapitre avant minuit. **Elle sera rentrée bien avant la cérémonie.**	Ich werde dieses Kapitel bis Mitternacht beendet haben. Sie wird lange vor der Zeremonie zurückgekehrt sein.

Es wird meist in Sätzen mit Zeitangaben wie **quand** »wenn« und **dès que** »sobald« verwendet. Derartige Sätze stehen im Deutschen nicht im Futur I oder II, sondern im Perfekt. Daher ist in diesen Fällen besondere Vorsicht geboten:

Dès que j'aurai réparé la vitre cassée, nous nous mettrons en route.	Sobald ich die gebrochene Fensterscheibe repariert habe, werden wir losfahren.

Dieser Gebrauch des Futur II stimmt völlig mit dem oben in 12e (iv) aufgeführten Gebrauch des Futur I überein.

12g Das Konditional I und II

Konditionalsätze werden meist mit **si** »falls, wenn« (**s'** vor **il(s)**) eingeleitet. Wie im Deutschen gibt es auch im Französischen Konditionalsätze auf drei Niveaus:

Si j'ai le temps, j'irai à la plage cet après-midi.	Wenn ich Zeit habe, gehe ich heute nachmittag zum Strand.
Si j'avais le temps, j'irais à la plage cet après-midi.	Wenn ich Zeit hätte, würde ich heute nachmittag zum Strand gehen. *(Es ist ungewiß.)*
Si j'avais eu le temps, je serais allé à la plage cet après-midi.	Wenn ich Zeit gehabt hätte, wäre ich heute nachmittag zu Strand gegangen. *(Aber ich habe es nicht getan, und jetzt ist es zu spät.)*

Diese drei Niveaus reflektieren die Wahrscheinlichkeitsstufe. Die Folge der Tempora ist allerdings im Deutschen etwas anders. Sie ist unter der französischen Tempusfolge im Schrägdruck dargestellt:

si + Präsens + Futur	*(äußerst wahrscheinlich, wenn Bedingung erfüllt wird)*
***si** + Präsens + Präsens*	
si + Imperfekt + Konditional I	*(weniger wahrscheinlich)*
***si** + Konditional I + Konditional I*	
si + Plusquamperfekt + Konditional II	*(rein hypothetisch)*
***si** + Konditional II + Konditional II*	

Diese drei Sprachniveaus sind auch sehr nützlich, wenn man auf Einladungen oder Vorschläge antwortet, oder mitteilen möchte, was man selbst vorziehen würde:

Oui, je veux bien.	Ja, gerne.
Oui, j'aimerais bien.	Ja, das möchte ich schon.

J'aurais bien aimé, mais...	Das würde ich gerne tun, aber ...

Entsprechend werden Konditional I und II für höfliche Bitten und Anfragen gebraucht:

Je *voudrais* parler à monsieur le directeur.	Ich *möchte gerne* mit dem Geschäftsführer (Direktor) sprechen.
J'*aurais voulu* demander un conseil à un de vos collègues.	Ich *würde gerne* einen Ihrer Kollegen um Rat fragen.

12h Das Passé antérieur

Diese Form wird heute im täglichen Sprachgebrauch nicht mehr verwendet. Man findet sie in literarischen Texten und anderen Druckerzeugnissen. Sie hat die gleiche Bedeutung wie das Plusquamperfekt [➤12b(i)] und wird nach Zeitangaben wie **quand, dès que** usw. gebraucht, wenn im Hauptsatz das Passé simple steht:

Quand le juge *eut fini* de prononcer son jugement, le prisonnier *fut emmené*.	Nachdem der Richter die Urteilsverkündung beendet hatte, wurde der Gefangene abgeführt.

13 Bitten und Befehle: der Imperativ

13a Wie der Imperativ gebildet wird

(i) Der *Imperativ* (auch die *Befehlsform* genannt) dient einer Vielzahl von Zwecken, einschließlich dem Erteilen von Befehlen, Aufforderungen, Anweisungen, Einladungen, Ratschlägen sowie Anfragen und Bitten. Er hat drei Formen:

Réfléchis!	Überlege dir das genau!
Réfléchissez!	Überlegt euch/Überlegen Sie sich das genau!
Réfléchissons!	Überlegen wir uns das genau!

Somit besteht der Imperativ einfach aus der normalen Präsensform (Konjugation) des Verbs für **tu, vous** oder **nous** ohne das Pronomen. Bei Verben, deren Konjugation für **tu** in **-es** endet (d.h. regelmäßige Verben, deren Infinitiv in **-er** endet), entfällt das **-s** am Ende der **tu**-Form beim Imperativ:

Pense à tes amis.	Denk an deine Freunde.

Das Gleiche gilt auch für das Verb **aller.**

Va chercher un journal.	Geh und hole eine Zeitung.

⚠ Die vorstehende Regel (Weglassen von **-s** am Schluß) gilt nicht vor **y** und **en:**

Penses-y!	Denk darüber nach!
Demandes-en!	Verlange was davon!

(ii) Verneinter Imperativ

Der verneinte Imperativ wird auf normale Art gebildet:

N'oubliez pas l'heure.	Vergeßt/Vergessen Sie die Zeit nicht!

➤ [Gebrauch und Stellung der Personalpronomen beim Imperativ ➤21b(vii), (viii).]

(iii) Die **nous-**Form des Imperativs hat manchmal idiomatische Bedeutungen.

Der Ausdruck **Voyons!** kann zum Beispiel »Schauen wir mal« bedeuten, aber als Antwort auf die Bemerkung eines anderen auch »Sei nicht albern« oder »Du beliebst zu scherzen«.

13b Gebrauch des Imperativs und anderer Formen

(i) Der Ton

Die Befehlsform ist nicht unbedingt mit »Befehl« gleichzusetzen. Im Französischen wird der Imperativ häufig in der Umgangssprache als freundliche Einladung verstanden:

Venez prendre l'apéritif ce soir.	Kommen Sie heute abend auf einen Drink vorbei!
Passe nous dire bonjour si tu as le temps.	Schau bei uns vorbei, wenn du Zeit hast.

(ii) Anweisungen

In schriftlichen Anweisungen, Rezepten und Mitteilungen kann der Infinitiv verwendet werden:

Délayer le contenu du sachet dans un demi-litre d'eau et porter à ébullition.	Rühren Sie den Inhalt dieser Packung in einen halben Liter Wasser ein und bringen Sie es zum Kochen.

Beachten Sie auch den Gebrauch von **défense de** und **interdit:**

Défense de stationner.	Parkverbot.
Pelouse interdite.	Den Rasen nicht betreten.

(iii) Veuillez

In offiziellen Dokumenten und feststehenden Wendungen in der Korrespondenz findet man häufig **veuillez** (den Imperativ von **vouloir**):

Veuillez trouver ci-joint...	Anbei erhalten Sie ...

(iv) Tiens, tenez

Tiens und **tenez** sind besonders nützlich. Sie werden auf zwei verschiedene Arten gebraucht:
Um die Aufmerksamkeit eines anderen zu erregen, wenn man ihm etwas geben oder reichen möchte:

Tiens, prends ton assiette.	Hier, nimm einen Teller.
Tenez, il y a une lettre pour vous.	Hier ist ein Brief für Sie.

Um Überraschung auszudrücken. Zu diesem Zweck wird allerdings nur **tiens** verwendet:

Tiens, je n'aurais jamais cru cela possible.	Gütiger Himmel, das hätte ich nie für möglich gehalten!
Tiens, tiens.	Sieh mal einer an!

14 Wünsche und Zweifel: Der Konjunktiv (subjonctif)

14a *Wozu dient der Konjunktiv?*

Im allgemeinen geht es bei der Unterscheidung zwischen *Konjunktiv* und *Indikativ* [➤12] um die gegenüber der vom Verb beschriebenen Handlung, Zustand oder Ereignis angenommene *Haltung*. Im Indikativ wird das Verb einfach als Handlung, Ereignis oder Zustand in Gegenwart, Vergangenheit oder Zukunft betrachtet. Der Gebrauch des Konjunktivs spiegelt gewöhnlich eine gewisse emotionale Betrachtungsweise (Wunsch, Befürchtung, Freude, Unsicherheit usw.) des Geschehens wider. Vergleichen Sie dazu die folgenden Sätze:

Il *gagnera* certainement le prix.	Er wird sicherlich den Preis gewinnen. *(Indikativ, Ausdruck einer Tatsache)*
Je préfèrerais qu'il ne le *gagne* pas.	Ich würde es vorziehen, wenn er ihn nicht gewänne. *(Konjunktiv, Ausdruck eines Wunsches)*

Diese Unterscheidung zwischen Indikativ und Konjunktiv mag zwar die Existenz des Konjunktivs in gewisser Weise erklären, sie kann aber nicht ohne Bedenken als Regel zugrundegelegt werden, wenn es um die korrekte Form des Verbs geht, da der Gebrauch des Konjunktivs im Französischen vielen Ausnahmen und Einschränkungen unterworfen ist.

Dabei sollte man jedoch die folgenden Tatsachen nicht außer acht lassen:

(i) Da der Konjunktiv im Deutschen in erster Linie nur in der indirekten Rede und in Ausrufen wie »dem Himmel sei Dank!« vorkommt, kann man die Gepflogenheiten im Deutschen nicht dem Gebrauch des Konjunktivs im Französischen zugrundelegen.

(ii) Obgleich es im Französischen vier Konjunktivtempora gibt [➤14b], trifft man im täglichen Sprachgebrauch fast nur den Konjunktiv Präsens und manchmal auch den Konjunktiv Perfekt an, der mit dem Konjunktiv Präsens des Hilfsverbs gebildet wird.

(iii) Im allgemeinen ist es am leichtesten, wenn man sich merkt, daß der Konjunktiv nach bestimmten Verben und feststehenden Redewendungen gebraucht wird.

(iv) *Unbedingt zu beachten* ist, daß der Konjunktiv im allgemeinen nur eingesetzt wird, wenn sich das Subjekt des Satzes ändert. Bleibt das Subjekt gleich, so wird gewöhnlich eine Infinitivkonstruktion vorgezogen:

Hélène *préfèrerait que vous arriviez* avant huit heures.	Hélène würde es vorziehen, wenn Sie vor acht Uhr eintreffen könnten.
Hélène *préfèrerait arriver* avant huit heures.	Hélène würde lieber vor acht Uhr eintreffen.

Im ersten Beispiel oben ist ein Konjunktiv erforderlich, weil er auf ein Verb des Wünschens folgt, im zweiten Fall jedoch nicht, da sich das Subjekt nicht ändert.

14b Die Tempora im Konjunktiv

➤ [Wie man den Konjunktiv bildet ➤16b.]

(i) *Präsens*

Von den vier Tempora des Konjunktivs werden nur das Präsens – und in einem geringeren Maße das Perfekt – im täglichen Sprachgebrauch angewandt. Der Konjunktiv der Gegenwart wird selbst dort gebraucht, wo man korrekterweise eine Vergangenheitsform erwarten würde:

Nous avions insisté pour qu'il *vienne.*	Wir bestanden darauf, daß er *kommt.*

(ii) *Konjunktiv Perfekt*

Der Konjunktiv Perfekt erscheint manchmal auch im alltäglichen Sprachgebrauch:

Nous sommes étonnés que tu *aies choisi* une telle solution.	Wir sind überrascht, daß du solch eine Lösung *gewählt hast.*

(iii) *Konjunktiv Imperfekt und Plusquamperfekt*

Imperfekt und Plusquamperfekt des Konjunktivs werden im gegenwärtigen Sprachgebrauch nie angewandt. Man findet sie in literarischen und gedruckten Texten, im Laufe dieses Jahrhunderts sind sie jedoch aus der Alltagssprache verschwunden.

14c Der Konjunktiv nach bestimmten Verben

Der Konjunktiv wird nach den folgenden Klassen von Verben gebraucht. Wir haben die am häufigsten verwendeten Beispiele nachstehend aufgeführt:

(i) Verbkonstruktionen, die Gefühle wie Freude, Überraschung, Ungläubigkeit, Vorliebe, Abneigung, Enttäuschung, Bedauern, Wut, Furcht usw. ausdrücken, wenn sie von **que** gefolgt werden:

être content/ravi/heureux que ...	froh/begeistert/glücklich sein, daß ...
s'étonner que ...	erstaunt/überrascht sein, daß ...
être surpris/étonné que ...	überrascht/erstaunt sein, daß ...
être incroyable/bizarre que ...	unglaublich, eigenartig sein, daß ...
être déçu que ...	enttäuscht sein, daß ...
regretter que ...	es bedauern, daß ...
être dommage que ...	schade sein, daß ...
avoir peur que ...	befürchten/Angst haben, daß ...
craindre que ...	befürchten/Angst haben, daß ...

Je suis **très** ***déçu qu'*****ils** ***ne viennent pas.***	*Ich bin* sehr *enttäuscht*, daß sie nicht *kommen*.
J'ai peur qu'**il** ***soit*** **trop tard.**	*Ich fürchte*, es *ist* zu spät.

⚠ Entgegengesetzt den Erwartungen folgt auf das Verb **espérer** »hoffen« nicht der Konjunktiv.

⚠ Wie bei vielen anderen Verben in diesen Aufstellungen wird eine Infinitivkonstruktion vorgezogen, wenn das Subjekt in den beiden Satzhälften gleichbleibt.

Je suis très déçu ***d'être*** **le seul à participer.**	Ich bin sehr enttäuscht, daß ich als einziger teilnehme.
J'ai peur ***d'arriver*** **en retard.**	Ich fürchte, zu spät zu kommen.

(ii) Verben des Wünschens, Wollens, Vorziehens, Befehlens, Erlaubens, Verbietens, Erwartens usw., wenn sie von **que** gefolgt werden:

vouloir que ...	wünschen/wollen, daß ...
souhaiter que ...	wünschen/möchten, daß ...
désirer que ...	wollen, daß ...
préférer que ...	vorziehen, daß ...
aimer mieux que ...	lieber wollen, daß ...
insister pour que ...	darauf bestehen, daß ...
ordonner que ...	befehlen, daß ...
permettre que ...	gestatten/erlauben, daß ...
défendre que ...	verbieten, daß ...
attendre que ...	darauf warten, daß ...
s'attendre à ce que ...	erwarten, daß ...

Elle a insisté pour que l'erreur soit corrigée.	Sie bestand darauf, daß der Fehler berichtigt werden solle.
On souhaiterait que les locataires partent avant Noël.	Wir möchten, daß die Mieter vor Weihnachten ausziehen.

⚠ Wie bei vielen anderen Verben in diesen Aufstellungen wird eine Infinitivkonstruktion vorgezogen, wenn das Subjekt in den beiden Satzhälften gleichbleibt.

Elle a insisté pour partir seule.	Sie hat darauf bestanden, alleine zu gehen.
Je souhaiterais l'accompagner.	Ich würde sie gerne begleiten.

(iii) Verbkonstruktionen, die eine Notwendigkeit, Dringlichkeit und Wichtigkeit ausdrücken, wenn sie von **que** gefolgt werden:

il faut que ...	es ist notwendig, daß ...
il est nécessaire que ...	es ist notwendig, daß ...
il est indispensable que ...	es ist unerläßlich, daß ...
il est essentiel que ...	es ist unbedingt erforderlich, daß ...
il est urgent que ...	es ist dringend erforderlich, daß ...
il est important que ...	es ist wichtig, daß ...

Il est essentiel que je voie le directeur.	Es ist unbedingt erforderlich, daß ich den Direktor sehe.

Wie bei vielen Verben in diesen Aufstellungen wird eine Infinitivkonstruktion vorgezogen, wenn das Subjekt in beiden Satzhälften gleichbleibt:

Il est essentiel de s'équiper d'une boussole.	Es ist unbedingt erforderlich, sich mit einem Kompaß auszustatten.

(iv) Verbkonstruktionen, die Möglichkeit, Unsicherheit und Zweifel ausdrücken:

il se peut que ...	es kann sein, daß ...
il est possible que ...	es ist möglich, daß ...
il est impossible que ...	es ist unmöglich, daß ...
il n'est pas certain que ...	es ist nicht sicher, daß ...
douter que ...	bezweifeln, daß ...

In diese Kategorie fallen auch Verben, die einen Zweifel oder Unsicherheit durch eine Verneinung ausdrücken:

Je ne crois pas que ...	ich glaube nicht, daß ...
Je ne pense pas que ...	ich denke nicht, daß ...
Je ne suis pas convaincu que ...	ich bin nicht überzeugt, daß ...

Douter existiert auch als reflexives Verb **se douter de/que** mit einer anderen (fast gegensätzlichen) Bedeutung »vermuten/annehmen, daß ...«. Meist tritt es in dieser Form in folgender Redewendung auf:

Je m'en doutais.	Ich dachte mir das.

die man von:

J'en doutais.	Ich bezweifelte es.

unterscheiden muß.

Wird **se douter** mit **que** und einem Nebensatz gebraucht, so wird es gewöhnlich vom Indikativ anstelle des Konjunktivs gefolgt.

Je me doutais qu'il nous *préparait* une surprise.	Ich nahm an, daß er eine Überraschung für uns plante.

14d Der Konjunktiv nach bestimmten Konjunktionen

Auf bestimmte Konjunktionen folgt der Konjunktiv. Die am häufigsten verwendeten sind nachstehend aufgeführt:

afin que ...	damit ...
pour que ...	damit ...
bien que ...	obgleich ...
quoique ...	obgleich ...
à moins que ...	außer wenn, es sei denn ...
avant que ...	bevor ...
à condition que ...	unter der Bedingung, daß .../vorausgesetzt, daß..
pourvu que ...	unter der Bedingung, daß../vorausgesetzt, daß..
de crainte que ...	aus Furcht, daß ...
de peur que ...	aus Angst, daß ...
de façon que ...	so daß ..., mit der Absicht, daß ...
de sorte que ...	so daß ..., mit der Absicht, daß ...
de manière que ...	so daß ..., auf solche Art, daß ...
jusqu'à ce que ...	bis daß ...
sans que ...	ohne daß ...

Afin que les clients puissent s'asseoir, le supermarché a installé des bancs.	Damit sich die Kunden setzen können, hat der Supermarkt Bänke aufgestellt.
Nous pouvons donc nous asseoir, pourvu qu'il y ait de la place.	Also können wir uns hinsetzen, vorausgesetzt, es ist Platz.

⚠ Bei manchen Ausdrücken in dieser Liste wird dem Konjunktiv eine Infinitvkonstruktion vorgezogen, wenn das Subjekt in beiden Hälften des Satzes gleichbleibt:

Afin d'aider leurs clients, ils ont ouvert d'autres caisses.	Um den Kunden zu helfen, haben sie andere Kassen geöffnet.
Ils l'ont fait sans l'annoncer.	Sie taten es, ohne es anzukündigen.

Aber:

Ils l'ont fait sans que je le sache.	Sie taten es, ohne daß ich es wußte.

14e Weitere Verwendungsmöglichkeiten des Konjunktivs

(i) Als Weiterführung der Notwendigkeit eines Konjuktivs nach dem Ausdrücken eines Wunsches erscheint er auch in Sätzen, wo ein Relativsatz angibt, wonach man sucht:

Je voudrais une voiture qui *soit* luxueuse, durable, économique, nerveuse et pas chère.	Ich möchte ein Auto, das luxuriös, dauerhaft, wirtschaftlich, spritzig und nicht teuer ist.
J'aimerais un parfum que je *puisse* mettre en hiver et en été.	Ich möchte ein Parfüm, das ich im Winter und im Sommer tragen kann.

Der Konjunktiv wird jedoch in dieser Art von Satz nur gebraucht, wenn er sich auf etwas bisher Unerreichtes bezieht. Im folgenden Fall wird er daher nicht angewandt:

J'ai trouvé un parfum que je peux mettre en hiver et en été.	Ich habe ein Parfüm gefunden, das ich im Winter und im Sommer tragen kann.

(ii) Der Konjunktiv wird in auf einen Superlativ folgenden Relativsätzen verwendet. Beachten Sie hier, daß Wörter wie **premier, dernier, seul** und **unique** in diesem Sinne wie Superlative behandelt werden:

C'est l'inondation la plus catastrophique qu'ils *aient* jamais *eue*.	Das ist die katastrophalste Flut, die sie jemals gehabt haben.
Déménager, c'est la seule solution qu'ils *puissent* envisager.	Ausziehen ist die einzige Losung, die sie sich vorstellen können.

(iii) Als Weiterführung der Notwendigkeit eines Konjunktivs nach Ausdrücken des Wünschens [➤14c(ii)] kann ein Befehl in der dritten Person mit dem Wort **que** eingeleitet werden:

Alors, qu'ils le fassent eux-mêmes!	Dann sollen sie es doch selbst tun!

15 Was Ihnen geschieht: Das Passiv

15a *Was drückt das Passiv aus?*

(i) *Handelnde und Zielpersonen einer Handlung*

Im Passiv handelt das Subjekt des Satzes nicht selbst, es ist die Zielperson der durch das Verb ausgedrückten Handlung. Beachten Sie den Unterschied zwischen:

Il *énerve* ses collègues.	Er *nervt* seine Kollegen. *(Aktiv)*

und:

Il *est énervé* par ses collègues.	Er *wird* von seinen Kollegen *genervt. (Passiv)*

(ii) *Par, de*

Wie Sie aus dem obigen Beispiel ersehen können, wird der Handelnde der Passivhandlung mit dem Wort **par** »durch, von« eingeleitet. Manchmal wird auch **de** anstelle von **par** verwendet, wenn weniger betont wird, daß sich die Handlung auf die Zielperson richtet.

Ils étaient suivis d'une vingtaine d'enfants.	Es folgten ihnen etwa zwanzig Kinder.

(iii) *Der Handelnde wird nicht genannt*

Oft wird der Handelnde überhaupt nicht genannt.

Elle a été agressée devant la gare.	Sie wurde vor dem Bahnhof überfallen.

Anhand des vorstehenden Beispiels können Sie sehen, daß das Partizip Perfekt bei Passivkonstruktionen stets dem Subjekt angeglichen wird, das in diesem Fall Femininum Singular ist.

15b *Alternativen zu Passivkonstruktionen*

Wenn der Handelnde nicht genannt wird, werden folgende Konstruktionen oft anstelle des Passivs gebraucht:

(i) On

Mit dem Pronomen **on** »man« [➤21b(iii), (iv)]:

On m'a envoyé les détails du projet.	Man hat mir Einzelheiten zu dem Projekt geschickt. (Mir wurden Einzelheiten zu dem Projekt geschickt.)

(ii) Reflexive Verben

Oft wird das Passiv auch mit Hilfe von reflexiven Verben ausgedrückt.

C'est un produit qui se vend partout dans la région. **Ça se dit souvent...**	Es ist ein Produkt, das überall in diesem Gebiet verkauft wird. Man sagt oft ...

➤ [Weitere Einzelheiten zum Gebrauch der reflexiven Verben ➤8c.]

16 Die französischen Verbgruppen

16a *Das Schema der Verbformen: das Konjugieren*

Die Gesamtheit der Stämme und Endungen eines Verbs bezeichnet man als seine *Konjugation*. Die verschiedenen Bestandteile dieser Gesamtheit lassen sich auf mehreren Ebenen ableiten:

(i) *Regelmäßige Verben*

Bei den meisten Verben können Sie allein vom Infinitiv alle Tempora ableiten. Dazu hilft es natürlich, die Regeln zu kennen! Diese Verben bezeichnet man als die *regelmäßigen* Verben. Im Französischen gibt es drei Konjugationen der regelmäßigen Verben, die man jeweils an ihren Infinitivendungen erkennt.

marcher	gehen	*(erste Konjugation)*
finir	beenden	*(zweite Konjugation)*
vendre	verkaufen	*(dritte Konjugation)*

Die Mehrzahl der französischen Verben endet auf **-er**. Darüber hinaus enden auch alle neu in die Sprache aufgenommenen Verben auf **-er,** wie zum Beispiel **filmer** »filmen«.

(ii) *Unregelmäßige Verben*

Verben, deren Formen auf diese Art nicht abgeleitet werden können, bezeichnet man als *unregelmäßig*. Einige der im Französischen am häufigsten verwendeten Verben sind unregelmäßige Verben. [Tabellen der unregelmäßigen Verben ➤17e, 17f.] Manche der unregelmäßigen Verben bilden Gruppen. Wenn Sie also eines von ihnen kennen, können Sie auch die Formen der anderen ableiten. So gehören zum Beispiel **partir, sortir, mentir, dormir, se repentir** und **servir** der gleichen Gruppe an [➤17f].

(iii) Zusammengesetzte Verben werden im allgemeinen wie ihr Stammverb konjugiert. So folgen zum Beispiel die Verben **surprendre** »überraschen«, **comprendre** »verstehen« und **apprendre** »lernen« alle dem Modell von **prendre** »nehmen«.

16b Die großen Verbgruppen: wie werden sie konjugiert?

Bei der Bildung der Tempora im Französischen gibt es viele Eigenschaften, die allen Konjugationen gemeinsam sind, und sowohl für die regelmäßigen als auch die unregelmäßigen Verben gelten. Sie werden aus der Beschreibung der Regeln zur Bildung der jeweiligen Tempora zutagetreten. Es wird häufig auf den *Stamm* des Infinitvs Bezug genommen. Diesen erhält man in den meisten Fällen durch Weglassen der Endung **-er, -ir** bzw. **-re** des Infinitivs:

Infinitiv	***Stamm***
marcher	**march-**
finir	**fin-**
vendre	**vend-**

(i) Präsens

In diesem Tempus gibt es die größte Vielzahl von Formen, sowohl zwischen den Konjugationen als auch in der Häufigkeit der unregelmäßigen Formen.

Regelmäßige Formen werden durch Anhängen der folgenden Endungen an den Stamm des Infinitivs gebildet:

	je	***tu***	***il/elle/on***	***nous***	***vous***	***ils/elles***
march(er)	**-e**	**-es**	**-e**	**-ons**	**-ez**	**-ent**
fin(ir)	**-is**	**-is**	**-it**	**-issons**	**-issez**	**-issent**
vend(re)	**-s**	**-s**	**-**	**-ons**	**-ez**	**-ent**

Dabei ist erwähnenswert, daß die Formen für **nous** der regelmäßigen Verben (und sogar auch der meisten unregelmäßigen Verben) stets auf **-ons,** die Formen für **vous** fast immer auf **-ez** und die Formen für **ils/elles** fast immer auf **-ent** enden.

(ii) Imperfekt

Alle regelmäßigen Verben (und unregelmäßigen Verben mit Ausnahme von **être**) bilden ihr Imperfekt durch Anhängen von bestimmten Endungen an die **nous-**Form des Präsens nach vorherigem Weglassen der Endung **-ons:**

Infinitiv	***1. Person Plural, Präsens***	***Imperfekt***
marcher	**march(ons)**	**je march*ais*** usw.
finir	**finiss(ons)**	**je finiss*ais*** usw.
vendre	**vend(ons)**	**je vend*ais*** usw.

Die Endungen sind stets:

-ais	**-ais**	**-ait**	**-ions**	**-iez**	**-aient**

• Mit nur wenigen Ausnahmen wird das Partizip Präsens stets vom gleichen Stamm wie das Imparfait abgeleitet [➤10b].

(iii) *Futur*

Regelmäßige Verben bilden ihr Futur durch Anhängen von bestimmten Endungen an den Infinitiv (bei Verben, die auf **-re** enden, wird das letzte **-e** weggelassen):

Infinitiv	***Futur***
marcher	**je marcher*ai*** usw.
finir	**je finir*ai*** usw.
vendr(e)	**je vendr*ai*** usw.

Die Endungen sind stets:

-ai	**-as**	**-a**	**-ons**	**-ez**	**-ont**

Bei den unregelmäßigen Verben treten Variationen nur bei den Stämmen, nicht bei den Endungen auf.

(iv) *Konditional*

Bei allen Verben, regelmäßigen sowie unregelmäßigen, wird das Konditional vom gleichen Stamm abgeleitet wie das Futur [➤(iii) oben]. Dabei werden die üblichen Futurendungen durch die normalen Imperfektendungen ersetzt [➤(ll) oben]:

Infinitiv	***Konditional***
marcher	**je marcher*ais*** usw.
finir	**je finir*ais*** usw.
vendr(e)	**je vendr*ais*** usw.

Die Endungen sind stets die gleichen wie im Imperfekt:

-ais	**-ais**	**-ait**	**-ions**	**-iez**	**-aient**

(v) *Passé simple*

Wie beim Präsens geht man auch hier vom Stamm des Infinitivs aus:

Infinitiv	***Passé simple***					
march(er)	**je march*ai***	***-as***	***-a***	***-âmes***	***-âtes***	***-èrent***
fin(ir)	**je fin*is***	***-is***	***-it***	***-îmes***	***-îtes***	***-irent***
vend(re)	**je vend*is***	***-is***	***-it***	***-îmes***	***-îtes***	***-irent***

Beachten Sie, daß die regelmäßigen, auf **-ir** und **-re** endenden Verben im Passé simple die gleichen Endungen haben. Eine dritte Gruppe ähnlicher Endungen **-us, -us, -ut, -ûmes, -ûtes, -urent** trifft man bei manchen der unregelmäßigen Verben an. **Venir** und **tenir** haben unregelmäßige Endungen [➤17f].

(vi) *Konjunktiv Präsens*

Die regelmäßigen Verben aller drei Konjugationen bilden ihren Konjunktiv Präsens durch Anhängen von bestimmten Endungen an die **ils/elles-**Form des Indikativ Präsens, nach vorherigem Weglassen der Endung **-ent:**

Infinitiv	*3. Person Plural, Präsens*	*Konjunktiv Präsens*
marcher	**ils march(ent)**	**je march*e*** usw.
finir	**ils finiss(ent)**	**je finiss*e*** usw.
vendre	**ils vend(ent)**	**je vend*e*** usw.

Die Endungen für alle regelmäßigen und fast alle unregelmäßigen Verben lauten:

-e **-es** **-e** **-ions** **-iez** **-ent**

• Bei den unregelmäßigen Verben trifft man Variationen stets im Stamm und nicht bei den Endungen an [mit Ausnahme von **avoir** und **être** ➤17f].

(vii) *Konjunktiv Imperfekt*

Der Konjunktiv Imperfekt wird folgendermaßen von der **tu-**Form des Passé simple abgeleitet [➤(v) oben]:

Infinitiv	*2. Person Sing., Passé simple*	*Konjunktiv Imperfekt*
marcher	**marchas**	**march*asse* *-asses* *-ât* *-assions* *-assiez* *-assent***
finir	**finis**	**fin*isse* *-isses* *-ît* *-issions* *-issiez* *-issent***
vendre	**vendis**	**vend*isse* *-isses* *-ît* *-issions* *-issiez* *-issent***

Die wenigen unregelmäßigen Verben, die ihr Passé simple mit der Endung **-us** usw. bilden, folgen dem gleichen Muster im Konjunktiv Imperfekt:

être *(sein)*

je fusse	**nous fussions**
tu fusses	**vous fussiez**
il/elle fût	**ils/elles fussent**

(viii) Die Bildung der zusammengesetzten Tempora

Zur Bildung aller zusammengesetzten Tempora muß man:

- das Partizip Perfekt des Verbs kennen;
- wissen, ob das Hilfsverb **avoir** oder **être** ist [Aufstellung ➤11c].

Das Partizip Perfekt der regelmäßigen Verben wird vom Stamm des Infinitivs abgeleitet und die folgenden Endungen angehängt:

Infinitiv	*Partizip Perfekt*
march(er)	**march*é***
fin(ir)	**fin*i***
vend(re)	**vend*u***

Es gibt viele unregelmäßige Partizipien der Vergangenheit.

Wenn man das Partizip Perfekt und das Hilfsverb kennt, so unterliegen alle zusammengesetzten Tempora dem gleichen Muster:

Zusammengesetztes Tempus	*Tempus des Hilfsverbs*	
Perfekt	Präsens	**j'ai marché** **je suis allé**
Plusquamperfekt	Imperfekt	**j'avais marché** **j'étais allé**
Futur II	Futur	**j'aurai marché** **je serai allé**
Konditional II	Konditional	**j'aurais marché** **je serais allé**
Passé antérieur	Passé simple	**j'eus marché** **je fus allé**
Konjunktiv Perfekt	Konjunktiv Präsens	**j'aie marché** **je sois allé**
Konjunktiv Plusquamperfekt	Konjunktiv Imperfekt	**j'eusse marché** **je fusse allé**

⚠ Bei zusammengesetzten Tempora wird das Partizip Perfekt in manchen Fällen seinem Subjekt oder seinem direkten Objekt angeglichen [➤11d].

➤ [Weitere Einzelheiten zum Gebrauch der Tempora ➤11 und 12]

17 Verbtabellen

17a Konjugation der regelmäßigen Verben auf -er

Alle Verben auf **-er** sind regelmäßig außer:

• **Aller** »gehen«, **envoyer** »senden« [➤17f];
• Eine kleine Anzahl von Verben, bei welchen Veränderungen der Betonung leichte Modifikationen der Schreibweise erforderlich machen [➤17b].

Ein typisches Verb dieser Gruppe ist **marcher:**
marcher »gehen«

Partizip Präsens
marchant

Partizip Perfekt
marché

Imperativ

marche!	marchez!	marchons!

Präsens	***Perfekt***	
marche	ai	marché
marches	as	marché
marche	a	marché
marchons	avons	marché
marchez	avez	marché
marchent	ont	marché

Imperfekt	***Plusquamperfekt***	
marchais	avais	marché
marchais	avais	marché
marchait	avait	marché
marchions	avions	marché
marchiez	aviez	marché
marchaient	avaient	marché

Futur I	***Futur II***	
marcherai	aurai	marché
marcheras	auras	marché
marchera	aura	marché
marcherons	aurons	marché
marcherez	aurez	marché
marcheront	auront	marché

Konditional I	*Konditional II*	
marcherais	aurais	marché
marcherais	aurais	marché
marcherait	aurait	marché
marcherions	aurions	marché
marcheriez	auriez	marché
marcheraient	auraient	marché

Passé simple	*Passé antérieur*	
marchai	eus	marché
marchas	eus	marché
marcha	eut	marché
marchâmes	eûmes	marché
marchâtes	eûtes	marché
marchèrent	eurent	marché

Konjunktiv Präsens	*Konjunktiv Perfekt*	
marche	aie	marché
marches	aies	marché
marche	ait	marché
marchions	ayons	marché
marchiez	ayez	marché
marchent	aient	marché

Konjunktiv Imperfekt	*Konjunktiv Plusquamperfekt*	
marchasse	eusse	marché
marchasses	eusses	marché
marchât	eût	marché
marchassions	eussions	marché
marchassiez	eussiez	marché
marchassent	eussent	marché

17b Auf -er endende Verben mit geringfügigen Änderungen

(i) Acheter *und* projeter

Bei einer Reihe von ansonsten regelmäßigen Verben auf **-er** wird die Schreibweise infolge von Änderungen der Betonung geringfügig geändert. So wird zum Beispiel das Verb **acheter** »kaufen« im Infinitiv und anderen Formen (**achetons, achetais, acheté** usw.) mit einem ähnlichen Betonungsrhythmus wie **ach'ter** ausgesprochen. Bei manchen Formen von **acheter** wird jedoch die zweite Silbe betont und in diesem Fall wird diese Betonung durch einen *accent grave* gekennzeichnet: **achète, achèterai.**

Eine Betonung dieser Art findet man im allgemeinen dort, wo man am Ende des Verbstamms die folgende Buchstabenfolge findet:

e + Konsonant + e

In diesem Fall wird die Betonung manchmal durch einen Akzent (oder das Verändern eines *accent aigu* in einen *accent grave*) gekennzeichnet, manchmal auch durch Verdoppelung des letzten Konsonanten wie zum Beispiel bei **projeter** »projizieren«. Dieses Verb wird im Infinitiv **proj'ter** ausgesprochen, in den Fällen, wo jedoch die zweite Silbe betont wird, wird dies durch die Verdopplung des Konsonanten gekennzeichnet. Es ergibt sich daraus **projette.**

(ii) *Beispiele*

- **acheter** »kaufen« (weitere Beispiele: **geler** »gefrieren«; **peler** »schälen«)
- **jeter** »werfen« (weitere Beispiele: **appeler** »rufen«; **rejeter** »zurückweisen«)
- **céder** »überlassen« (weitere Beispiele: **espérer** »hoffen«; **déléguer** »delegieren«; **accélérer** »beschleunigen«)

(iii) *Verben, deren Infinitiv auf* ***-yer, -cer, -ger*** *endet*

- **payer** »zahlen« (weitere Beispiele: **ennuyer** »ärgern«; **appuyer** »lehnen«)
- **commencer** »beginnen« (weiteres Beispiel: **rincer** »ausspülen«)

➤ [Zum Gebrauch der Cédille im Französischen ➤2a(iv)c].

- **manger** »essen« (weitere Beispiele: **déranger** »stören«; **plonger** »tauchen«)

17c Konjugation der regelmäßigen Verben auf -ir

➤ [Unregelmäßige Verben auf **-ir** ➤17f].

Ein typisches Verb dieser Gruppe ist **finir:**

finir »beenden, enden«

Partizip Präsens
finissant

Partizip Perfekt
fini

Imperativ

finis!	finissons!	finissez!

Präsens
finis
finis
finit
finissons
finissez
finissent

Imperfekt
finissais
finissais
finissait
finissions
finissiez
finissaient

Futur I
finirai
finiras
finira
finirons
finirez
finiront

Konditional I
finirais
finirais
finirait
finirions
finiriez
finiraient

Passé simple
finis
finis
finit
finîmes
finîtes
finirent

Perfekt
ai fini
as fini
a fini
avons fini
avez fini
ont fini

Plusquamperfekt
avais fini
avais fini
avait fini
avions fini
aviez fini
avaient fini

Futur II
aurai fini
auras fini
aura fini
aurons fini
aurez fini
auront fini

Konditional II
aurais fini
aurais fini
aurait fini
aurions fini
auriez fini
auraient fini

Passé antérieur
eus fini
eus fini
eut fini
eûmes fini
eûtes fini
eurent fini

Konjunktiv Präsens	*Konjunktiv Perfekt*	
finisse	aie	fini
finisses	aies	fini
finisse	ait	fini
finissions	ayons	fini
finissiez	ayez	fini
finissent	aient	fini

Konjunktiv Imperfekt	*Konjunktiv Plusquamperfekt*	
finisse	eusse	fini
finisses	eusses	fini
finît	eût	fini
finissions	eussions	fini
finissiez	eussiez	fini
finissent	eussent	fini

17d Konjugation der regelmäßige Verben auf -re

➤ [Konjugation der unregelmäßigen Verben auf **-re** ➤17f].

Ein typisches Verb dieser Gruppe ist **vendre:**
vendre »verkaufen«

Partizip Präsens	*Partizip Perfekt*
vendant	vendu

Imperativ

vends! vendons! vendez!

Präsens	*Perfekt*	
vends	ai	vendu
vends	as	vendu
vend	a	vendu
vendons	avons	vendu
vendez	avez	vendu
vendent	ont	vendu

Imperfekt	*Plusquamperfekt*	
vendais	avais	vendu
vendais	avais	vendu
vendait	avait	vendu
vendions	avions	vendu
vendiez	aviez	vendu
vendaient	avaient	vendu

Futur I	*Futur II*	
vendrai	aurai	vendu
vendras	auras	vendu
vendra	aura	vendu
vendrons	aurons	vendu
vendrez	aurez	vendu
vendront	auront	vendu

Konditional I	*Konditional II*	
vendrais	aurais	vendu
vendrais	aurais	vendu
vendrait	aurait	vendu
vendrions	aurions	vendu
vendriez	auriez	vendu
vendraient	auraient	vendu

Passé simple	*Passé antérieur*	
vendis	eus	vendu
vendis	eus	vendu
vendit	eut	vendu
vendîmes	eûmes	vendu
vendîtes	eûtes	vendu
vendirent	eurent	vendu

Konjunktiv Präsens	*Konjunktiv Perfekt*	
vende	aie	vendu
vendes	aies	vendu
vende	ait	vendu
vendions	ayons	vendu
vendiez	ayez	vendu
vendent	aient	vendu

Konjunktiv Imperfekt	*Konjunktiv Plusquamperfekt*	
vendisse	eusse	vendu
vendisses	eusses	vendu
vendît	eût	vendu
vendissions	eussions	vendu
vendissiez	eussiez	vendu
vendissent	eussent	vendu

17e Die unregelmäßigen Verben avoir und être

avoir »haben«

Partizip Präsens		*Partizip Perfekt*	
ayant		eu	

Imperativ

aie! ayons! ayez!

Präsens	*Perfekt*	
ai	ai	eu
as	as	eu
a	a	eu
avons	avons	eu
avez	avez	eu
ont	ont	eu

Imperfekt	*Plusquamperfekt*	
avais	avais	eu
avais	avais	eu
avait	avait	eu
avions	avions	eu
aviez	aviez	eu
avaient	avaient	eu

Futur I	*Futur II*	
aurai	aurai	eu
auras	auras	eu
aura	aura	eu
aurons	aurons	eu
aurez	aurez	eu
auront	auront	eu

Konditional I	*Konditional II*	
aurais	aurais	eu
aurais	aurais	eu
aurait	aurait	eu
aurions	aurions	eu
auriez	auriez	eu
auraient	auraient	eu

Passé simple

eus
eus
eut
eûmes
eûtes
eurent

Passé antérieur

eus	eu
eus	eu
eut	eu
eûmes	eu
eûtes	eu
eurent	eu

Konjunktiv Präsens

aie
aies
ait
ayons
ayez
aient

Konjunktiv Perfekt

aie	eu
aies	eu
ait	eu
ayons	eu
ayez	eu
aient	eu

Konjunktiv Imperfekt

eusse
eusses
eût
eussions
eussiez
eussent

Konjunktiv Plusquamperfekt

eusse	eu
eusses	eu
eût	eu
eussions	eu
eussiez	eu
eussent	eu

être »sein«

Partizip Präsens

étant

Partizip Perfekt

été

Imperativ

sois! soyons! soyez!

Präsens

suis
oc
est
sommes
êtes
sont

Perfekt

ai	été
as	été
a	été
avons	été
avez	été
ont	été

Imperfekt	*Plusquamperfekt*	
étais	avais	été
étais	avais	été
était	avait	été
étions	avions	été
étiez	aviez	été
étaient	avaient	été

Futur I	*Futur II*	
serai	aurai	été
seras	auras	été
sera	aura	été
serons	aurons	été
serez	aurez	été
seront	auront	été

Konditional I	*Konditional II*	
serais	aurais	été
serais	aurais	été
serait	aurait	été
serions	aurions	été
seriez	auriez	été
seraient	auraient	été

Passé simple	*Passé antérieur*	
fus	eus	été
fus	eus	été
fut	eut	été
fûmes	eûmes	été
fûtes	eûtes	été
furent	eurent	été

Konjunktiv Präsens	*Konjunktiv Perfekt*	
sois	aie	été
sois	aies	été
soit	ait	été
soyons	ayons	été
soyez	ayez	été
soient	aient	été

Konjunktiv Imperfekt	*Konjuktiv Plusquamperfekt*	
fusse	eusse	été
fusses	eusses	été
fût	eût	été
fussions	eussions	été
fussiez	eussiez	été
fussent	eussent	été

17f Weitere unregelmäßige Verben

Die folgenden Formen werden für alle Verben dieser Liste aufgeführt:

- das vollständige Präsens,
- das Partizip Perfekt,
- das Futur I (erste Person),
- das Passé simple (erste Person).

Von diesen Formen können im allgemeinen alle anderen Tempora abgeleitet werden [➤16].

Verben, die ihre zusammengesetzten Tempora mit **être** bilden, sind mit einem Sternchen * gekennzeichnet.

Infinitiv	*Präsens*	*(a) Partizip Perfekt* *(b) Futur* *(c) Passé simple*
acquérir »erwerben«	acquiers acquiers acquiert acquérons acquérez acquièrent	(a) acquis (b) acquerrai (c) acquis
accueillir »begrüßen«	➤ **cueillir**	
admettre »zugeben«	➤ **mettre**	
* **aller** »gehen«	vais vas va allons allez vont	(a) allé * (b) irai (c) allai
Konjunktiv Präsens:	aille allions	
apercevoir »sehen, bemerken«	aperçois aperçois aperçoit apercevons apercevez aperçoivent	(a) aperçu (b) apercevrai (c) aperçus
apparaître »erscheinen«	➤ **connaître**	
apprendre »lernen«	➤ **prendre**	
* **s'asseoir** »sich setzen«	assieds assieds assied asseyons asseyez asseyent	(a) assis* (b) assiérai (c) assis

Infinitiv	*Präsens*	*(a) Partizip Perfekt* *(b) Futur* *(c) Passé simple*
atteindre »erreichen«	atteins atteins atteint atteignons atteignez atteignent	(a) atteint (b) atteindrai (c) atteignis
battre »schlagen«	bats bats bat battons battez battent	(a) battu (b) battrai (c) battis
boire »trinken«	bois bois boit buvons buvez boivent	(a) bu (b) boirai (c) bus
commettre »begehen«	➤ **mettre**	
comprendre »verstehen«	➤ **prendre**	
conduire »fahren, führen«	conduis conduis conduit conduisons conduisez conduisent	(a) conduit (b) conduirai (c) conduisis
connaître »kennen«	connais connais connaît connaissons connaissez connaissent	(a) connu (b) connaîtrai (c) connus
construire »konstruieren, bauen«	➤ **conduire**	
convaincre »überzeugen«	➤ **vaincre**	

Infinitiv	*Präsens*	*(a) Partizip Perfekt* *(b) Futur* *(c) Passé simple*
coudre »nähen«	couds couds coud cousons cousez cousent	(a) cousu (b) coudrai (c) cousis
courir »rennen«	cours cours court courons courez courent	(a) couru (b) courrai (c) courus
couvrir »bedecken«	couvre couvres couvre couvrons couvrez couvrent	(a) couvert (b) couvrirai (c) couvris
craindre »fürchten«	➤ **atteindre**	
croire »glauben«	crois crois croit croyons croyez croient	(a) cru (b) croirai (c) crus
croître »wachsen«	croîs croîs croît croissons croissez croissent	(a) crû/crue (Feminin) (b) croîtrai (c) kein Passé simple

Infinitiv	*Präsens*	*(a) Partizip Perfekt* *(b) Futur* *(c) Passé simple*
cueillir »pflücken, sammeln«	cueille cueilles cueille cueillons cueillez cueillent	(a) cueilli (b) cueillerai (c) cueillis
cuire »kochen«	➤ **conduire**	
décevoir »enttäuschen«	➤ **apercevoir**	
découvrir »entdecken«	➤ **couvrir**	
décrire »beschreiben«	➤ **écrire**	
détruire »zerstören«	➤ **conduire**	
devoir »müssen, schulden«	dois dois doit devons devez doivent	(a) dû/due (Feminin) (b) devrai (c) dus
dire »sagen«	dis dis dit disons dites disent	(a) dit (b) dirai (c) dis
dormir »schlafen«	dors dors dort dormons dormez dorment	(a) dormi (b) dormirai (c) dormis

Infinitiv	*Präsens*	*(a) Partizip Perfekt* *(b) Futur* *(c) Passé simple*
écrire »schreiben«	écris écris écrit écrivons écrivez écrivent	(a) écrit (b) écrirai (c) écrivis
envoyer »senden«	envoie envoies envoie envoyons envoyez envoient	(a) envoyé (b) enverrai (c) envoyai
éteindre »löschen, abschalten«	➤ atteindre	
faire »tun, machen«	fais fais fait faisons faites font	(a) fait (b) ferai (c) fis
Konjunktiv Präsens:	fasse fassions	
falloir »müssen, notwendig sein«	il faut	(a) fallu (b) il faudra (c) il fallut
Konjunktiv Präsens:	il faille	
fuir »fliehen«	fuis fuis fuit fuyons fuyez fuient	(a) fui (b) fuirai (c) fuis

Infinitiv	*Präsens*	*(a) Partizip Perfekt* *(b) Futur* *(c) Passé simple*
haïr »hassen«	hais hais hait haïssons haïssez haïssent	(a) haï (b) haïrai (c) haïs
introduire »einführen«	➤ **conduire**	
joindre »verbinden«	➤ **atteindre**	
lire »lesen«	lis lis lit lisons lisez lisent	(a) lu (b) lirai (c) lus
mentir »lügen«	➤ **dormir**	
mettre »setzen, stellen, legen«	mets mets met mettons mettez mettent	(a) mis (b) mettrai (c) mis
moudre »mahlen«	mouds mouds moud moulons moulez moulent	(a) moulu (b) moudrai (c) moulus
* **mourir** »sterben«	meurs meurs meurt mourons mourez meurent	(a) mort * (b) mourrai (c) mourus

Infinitiv	*Präsens*	***(a) Partizip Perfekt*** ***(b) Futur*** ***(c) Passé simple***
* **naître** »geboren werden«	nais nais naît naissons naissez naissent	(a) né * (b) naîtrai (c) naquis
nuire »schaden«	➤ **conduire** (Partizip Perfekt: **nui**)	
offrir »anbieten«	➤ **couvrir**	
ouvrir »öffnen«	➤ **couvrir**	
paraître »scheinen«	➤ **connaître**	
* **partir** »weggehen«	➤ **dormir**	
peindre »malen«	➤ **atteindre**	
plaindre »bemitleiden«	➤ **atteindre**	
plaire »gefallen«	plais plais plaît plaisons plaisez plaisent	(a) plu (b) plairai (c) plus
pleuvoir »regnen«	il pleut	(a) plu (b) il pleuvra (c) il plut
Konjunktiv Präsens:	il pleuve	
poursuivre »verfolgen«	➤ **suivre**	
pouvoir »können«	peux (puis-je?) peux peut pouvons pouvez peuvent	(a) pu (b) pourrai (c) pus

Puis-je? wird gebraucht, wenn das Verb zur Bildung einer Frage vorangestellt wird.

Konjunktiv Präsens:	puisse puissions	

Infinitiv	*Präsens*	*(a) Partizip Perfekt* *(b) Futur* *(c) Passé simple*
prendre »nehmen«	prends prends prend prenons prenez prennent	(a) pris (b) prendrai (c) pris
produire »erzeugen«	➤ **conduire**	
recevoir »erhalten«	➤ **apercevoir**	
reconnaître »erkennen«	➤ **connaître**	
réduire »verringern«	➤ **conduire**	
résoudre »lösen«	résous résous résout résolvons résolvez résolvent	(a) résolu (b) résoudrai (c) résolus
rire »lachen«	ris ris rit rions riez rient	(a) ri (b) rirai (c) ris
rompre »zerbrechen«	romps romps rompt rompons rompez rompent	(a) rompu (b) romprai (c) rompis

Infinitiv	*Präsens*	***(a) Partizip Perfekt*** ***(b) Futur*** ***(c) Passé simple***
savoir »wissen«	sais sais sait savons savez savent	(a) su (b) saurai (c) sus
Konjunktiv Präsens:	sache sachions	
Partizip Präsens:	sachant	
Imperativ:	sache sachons sachez	
sentir »fühlen«	➤ **dormir**	
servir »dienen«	➤ **dormir**	
* **sortir** »ausgehen«	➤ **dormir**	
souffrir »leiden«	➤ **couvrir**	
sourire »lächeln«	➤ **rire**	
suivre »folgen«	suis suis suit suivons suivez suivent	(a) suivi (b) suivrai (c) suivis
surprendre »überraschen«	➤ **prendre**	
survivre »überleben«	➤ **vivre**	
* **se taire** »schweigen«	➤ **plaire** (aber **il se tait** hat keinen accent circonflexe auf dem i)	
tenir »halten«	➤ **venir**	
traduire »übersetzen«	➤ **conduire**	

Infinitiv	*Präsens*	*(a) Partizip Perfekt* *(b) Futur* *(c) Passé simple*
vaincre »besiegen«	vaincs vaincs vainc vainquons vainquez vainquent	(a) vaincu (b) vaincrai (c) vainquis
valoir »wert sein«	vaux vaux vaut valons valez valent	(a) valu (b) vaudrai (c) valus
Konjunktiv Präsens:	vaille valions	
***venir** »kommen«	viens viens vient venons venez viennent	(a) venu * (b) viendrai (c) vins vins vint vînmes vîntes vinrent
vêtir »anziehen«	Im allgemeinen nur im Partizip Perfekt **vêtu** anzutreffen	
vivre »leben«	vis vis vit vivons vivez vivent	(a) vécu (b) vivrai (c) vécus

Infinitiv	*Präsens*	*(a) Partizip Perfekt* *(b) Futur* *(c) Passé simple*
voir »sehen«	vois vois voit voyons voyez voient	(a) vu (b) verrai (c) vis
vouloir »wünschen«	veux veux veut voulons voulez veulent	(a) voulu (b) voudrai (c) voulus
Konjunktiv Präsens:	veuille voulions	
Imperativ:	veuille veuillez	

D

MENSCHEN, DINGE UND VORSTELLUNGEN: SUBSTANTIVE UND REDEWENDUNGEN

18 Die Dinge beim Namen nennen: Substantive

18a *Wozu dient ein Substantiv?*

Substantive sind die Namen, mit denen wir alles um uns herum und in unseren Gedanken bezeichnen: Menschen, Tiere, Dinge, Ereignisse, Vorstellungen. Im folgenden Text sind die Substantive hervorgehoben:

Ma *fille* ainée est *professeur* de *sciences* naturelles à l'*Université* de *Lille*.	Meine älteste *Tochter* ist *Dozentin* für *Naturwissenschaften* an der *Universität Lille*.

18b *Mehr Detail: Nominalphrasen*

Meist werden Substantive von anderen Wörtern oder Wortgruppen begleitet (in Ausdrücken oder Sätzen). Das Ganze bildet dann eine *Nominalphrase*. Die begleitenden Elemente können folgende Wortarten oder -gruppen sein:

- Bestimmungswörter [➤19];
- Adjektive und adverbiale Bestimmungen [➤20, 24];
- Relativsätze [➤21];
- Ausdrücke mit Präpositionen [➤23].

Um Wiederholungen zu vermeiden, werden Substantive (und damit auch Nominalphrasen) häufig durch Pronomina ersetzt [➤21].

18c *Eigennamen und Gattungsbegriffe*

(i) *Eigennamen*

Ein *Eigenname* ist der Name eines bestimmten Menschen, Orts oder Dings. Zum Beispiel:

Jeanne d'Arc, Jacques Delors, Vincent van Gogh
L'Arc de Triomphe, les Alpes, l'Australie
Le Martini, le Tour de France, l'Opéra de Paris

Alle anderen Substantive bezeichnet man als *Gattungsbegriffe*.

(ii) *Die Großschreibung*

Im Gegensatz zum Deutschen werden im Französischen nur reine Eigennamen [➤18c(i), oben] großgeschrieben. Dabei werden einige Eigennamen (Wochentage, Monatsnamen, Sprachen und Nationalitäten) immer kleingeschrieben.

(iii) Dabei darf man nicht außer acht lassen, daß manche Namen zwar stets reine Eigennamen sind, wie zum Beispiel **Paris, Jacques, Martini**, manche jedoch in einem anderen Zusammenhang auch als Gattungsbegriffe gebraucht werden, z.B.:

La maison blanche au coin de la rue est à vendre.	Das weiße Haus an der Ecke ist zu verkaufen.

aber:

La Maison Blanche est la résidence du président des Etats-Unis.	Das Weiße Haus ist die Residenz des Präsidenten der Vereinigten Staaten.

18d Das Geschlecht der Substantive im Französischen

In der französischen Grammatik werden *alle* Substantive entweder als Maskulinum oder Femininum klassifiziert. Erwartungsgemäß sind die meisten Substantive, die Männer bezeichnen, im Französischen maskulin und die meisten Substantive, die Frauen bezeichnen, feminin. Alle anderen Substantive werden nach einer Reihe von nicht geschlechtsspezifischen Faktoren klassifiziert, wie zum Beispiel Herkunft des Wortes, Schreibweise oder Bedeutung.

Wie in allen Sprachen gibt es auch hier Ausnahmen und Dinge, die nicht ganz logisch erscheinen. Es gibt jedoch auch einige allgemeine Regeln, die es erleichtern, das Geschlecht des Substantivs abzuleiten. Es ist jedenfalls stets empfehlenswert, als Gedächtnisstütze *ein Substantiv zusammen mit seinem Artikel zu lernen,* zum Beispiel **une adresse** anstelle von nur **adresse.**

(i) *Das Geschlecht der Substantive anhand der Bedeutung*

- Tage, Monate und Jahreszeiten sind größtenteils MASKULIN:

samedi	Samstag	**printemps**	Frühling
janvier	Januar		

• Metrische Gewichte, Maße und Brüche sind meist MASKULIN:

un gramme	Gramm	**un quart**	Viertel
un kilo	Kilogramm	**un dixième**	Zehntel
un mètre	Meter		

• Bäume und Sträucher sind meist MASKULIN:

un chêne	Eiche	**un troène**	Liguster
un hêtre	Buche		

Ausnahmen: **une aubépine** »Weißdorn«; **une ronce** »Brombeerstrauch«.

• Länder und Flüsse, die auf **-e** enden (wie es die meisten tun), sind meist FEMININ:

la Grande Bretagne	Großbritannien
la Loire	die Loire

Ausnahmen: **le Mexique** »Mexiko«; **le Rhône** »die Rhone«.

• Länder und Flüsse, die nicht auf **-e** enden, sind meist MASKULIN:

le Canada	Kanada	**le Niger**	Nigeria

• Gemüse- und Obstsorten, die auf **-e** enden (wie es die meisten tun), sind meist FEMININ:

une tomate	Tomate	**une aubergine**	Aubergine
une pomme	Apfel		

• Gemüse- und Obstsorten, die nicht auf **-e** enden, sind meist MASKULIN:

un chou	Kohl	**un citron**	Zitrone

• Berufe, Studiengänge, Wissensbereiche und Kunstgattungen sind meist FEMININ:

la plomberie	Klempnerei	**l'astronomie**	Astronomie
l'architecture	Architektur	**la peinture**	Malerei
la biologie	Biologie		

• Metalle sind meist MASKULIN:

l'or	Gold	**le cuivre**	Kupfer
le plomb	Blei		

• Sprachen sind stets MASKULIN:

le latin	Latein	**l'allemand**	Deutsch
le russe	Russisch		

• Wörter, die erst kürzlich aus dem Englischen übernommen wurden, sind meist MASKULIN:

le sweatshirt	Sweatshirt	**le leader**	(Partei-)Führer
le chewing gum	Kaugummi	**le rock**	Rockmusik

(ii) Geschlechtsbestimmung anhand der Schreibweise/Endung

• Substantive mit den folgenden Endungen sind gewöhnlich MASKULIN:

-age

le chômage	Arbeitslosigkeit
le chauffage central	Zentralheizung

Ausnahmen: **une image** »Bild« und einige einsilbige Wörter wie **une cage** »Käfig«, **la rage** »Tollwut«, **la plage** »Strand«, **une page** »Seite (eines Buchs)«.

-ail

le travail	Arbeit
un vitrail	Mosaikfenster

-sme

le communisme	Kommunismus
l'athlétisme	Leichtathletik
un microcosme	Mikrokosmos

-eau

un plateau	Tablett
un couteau	Messer
un bateau	Boot

Ausnahmen: **l'eau** »Wasser«, **la peau** »Haut«.

-ège

un collège	Schule oder Kolleg
un cortège	Prozession

-ème

un système	System
un problème	Problem

-ment

le gouvernement	Regierung
un vêtement	Kleidungsstück

• Substantive mit den folgenden Endungen sind gewöhnlich FEMININ:

-aison

une combinaison	Unterrock, Kombination
une maison	Haus

-ance, -anse, -ence, -ense *(alle gleich ausgesprochen)*

l'importance	Wichtigkeit
une danse	Tanz
une absence	Abwesenheit
une dépense	Ausgabe, Aufwendung

-ation

une nation	Nation
une illustration	Illustration

-ion

une mission	Mission
la passion	Leidenschaft

Ausnahmen: **le lion** »Löwe«, **l'espion** »Spion«

-te, -tte

une date	Datum
une datte	Dattel
une tablette	Tischlein

-ure

la nourriture	Essen
la fourrure	Pelz

(iii) Geschlecht von Tieren

Für fast alle häufig vorkommenden Tiere existiert nur eine Substantivform, deren Geschlecht nicht veränderlich ist:

un éléphant	Elefant	**une girafe**	Giraffe

Um auszudrücken, daß es sich um eine Elefantin handelt, muß man sagen: **un éléphant femelle.**

Um auszudrücken, daß es sich um eine männliche Giraffe handelt, muß man sagen: **une girafe mâle.**

Diese Regel gilt für die Namen der meisten Tiere. Für einige Tiere gibt es männliche und weibliche Varianten, zum Beispiel:

un chat	**une chatte**	Kater/Katze
un chien	**une chienne**	Hund/Hündin

un âne	**une ânesse**	Esel/Eselin
un canard	**une canne**	Enterich/Ente

In vielen Fällen werden ganz unterschiedliche Worte für das männliche und das weibliche Tier verwendet:

un bouc	Ziegenbock	**une chèvre**	Ziege

Wo zwei verschiedene Formen existieren, wird eine von ihnen (im allgemeinen das Maskulin) als die allgemeine Bezeichnung verwendet. Beachten Sie jedoch, daß im vorstehenden Beispiel die allgemeine Bezeichung für eine Ziege **une chèvre** ist.

In ein paar Fällen gibt es neben der maskulinen und der femininen Form noch ein eigenes Wort zur allgemeinen Beschreibung:

un bélier	Schafbock	**un coq**	Hahn
une brebis	Schaf	**une poule**	Henne
un mouton	Schaf, Hammel	**un poulet**	Hühnchen

(iv) *Maskuline/feminine Varianten*

In vielen Fällen gibt es maskuline und feminine Varianten von Substantiven, die gewöhnlich gemäß den gleichen Regeln gebildet werden, die der Anpassung der Adjektive zugrundliegen:

un ouvrier	**une ouvrière**	Arbeiter/Arbeiterin
un cousin	**une cousine**	Vetter/Base
un ami	**une amie**	Freund/Freundin
un pharmacien	**une pharmacienne**	Apotheker/Apothekerin

➤ [Eine ausführliche Beschreibung von maskulinen/femininen Endungen ➤20]

(v) *Berufsbezeichnungen*

Manche Substantive existieren nur in einem Geschlecht, ungeachtet des Geschlechts der jeweiligen Person. Dabei trifft man folgende Bezeichnungen am häufigsten an:

un médecin	Doktor
un auteur	Autor
un écrivain	Schriftsteller
un ingénieur	Ingenieur
un professeur	Lehrer (ab Oberstufe)
un ministre	Minister
un juge	Richter
un magistrat	Magistrat
un facteur	Briefträger

Mit der Veränderung der Stellung der Frau in der Gesellschaft findet man in zunehmendem Maße im Grunde nicht korrekte Formen wie **une professeur, une ministre.** In den meisten Fällen, wo eine feminine Version der Berufsbezeichnung benötigt wird, werden die obigen Berufsbezeichnungen folgendermaßen abgewandelt:

une femme ingénieur

(vi) *Unveränderliche Formen*

Es gibt auch andere unveränderliche Formen, die nicht den Berufsbezeichnungen angehören. Zum Beispiel:

- Immer Maskulinum:

un guide	Führer, Reiseleiter
un ange	Engel
un témoin	Zeuge
un assassin	Mörder

- Immer Femininum:

une personne	Person	**une vedette**	Star
une victime	Opfer		

18e *Mehr als eines? Der Plural der Substantive*

(i) *-s*

Im Französischen wird der Plural normalerweise durch Anhängen des Buchstabens **-s** an das Substantiv gebildet.

un timbre	**des timbres**	Briefmarken
une lettre	**des lettres**	Briefe
une adresse	**des adresses**	Adressen

Dieses **-s** am Ende des Wortes ist im gesprochenen Französisch jedoch in den meisten Fällen stumm, so kann man vom Klang des Substantivs nicht ableiten, ob es sich um einen Plural handelt. Man erkennt dies jedoch an den unmittelbar zu dem Substantiv gehörigen Wörtern.

Je vais signer *la* lettre avant de partir.	Ich werde den Brief unterschreiben, bevor ich gehe.
Je vais signer *les* lettres avant de partir.	Ich unterschreibe die Briefe, bevor ich gehe.

In diesen Beispielsätzen hört man am bestimmten Artikel **la** bzw. **les,** ob das Substantiv im Plural steht.

(ii) *Andere Pluralformen*

Bei den folgenden Substantivarten wird der Plural nicht durch Anhängen des Buchstabens **-s** gebildet:

- Singular endet auf **-al:** Plural auf **-aux:**

un journal	**des journaux**	Zeitung(en)
un canal	**des canaux**	Kanal/Kanäle
un cheval	**des chevaux**	Pferd(e)

Ausnahmen sind:

un festival	**des festivals**	Fest(e)
un bal	**des bals**	Tanz/Tänze
un carnaval	**des carnavals**	Karnival(e)

- Singular endet auf **-au, -eau, -eu:** zur Bildung des Plurals **-x** anhängen:

un tuyau	**des tuyaux**	Röhre(n)
un manteau	**des manteaux**	Mantel/Mäntel
un neveu	**des neveux**	Neffe(n)

Ausnahmen: **un pneu, des pneus** »Reifen«.

- Die folgenden, auf **-ou** endenden Substantive bilden ihren Plural mit **-x** anstelle von **-s:**

un bijou	**des bijoux**	Juwel(en)
un caillou	**des cailloux**	Kieselstein(e)
un chou	**des choux**	Kohlkopf/-köpfe
un genou	**des genoux**	Knie
un hibou	**des hiboux**	Eule(n)
un joujou	**des joujoux**	Spielzeug(e)
un pou	**des poux**	Laus/Läuse

- Wenn der Singular auf **-s, -z,** oder **-x** endet, so bleibt das Substantiv im Plural unverändert:

un matelas	**des matelas**	Matratze(n)
un nez	**des nez**	Nase(n)
un prix	**des prix**	Preis(e)

- Familienamen bleiben im Plural unverändert:

Les Dupont ont déménagé hier.	Die Duponts sind gestern umgezogen.

(iii) Plural von zusammengesetzten Substantiven

Gewöhnlich werden zusammengesetzte Substantive im Französischen durch die Verknüpfung zweier Wörter mit einem Bindestrich gebildet:

un porte-monnaie	Geldbörse
un gratte-ciel	Wolkenkratzer

Die Ableitung der Pluralformen von zusammengesetzten Substantiven unterliegt keinen festen Regeln, daher lernt man sie am besten jeweils einzeln. In der Regel bleiben jedoch Zusammensetzungen von Verb + Substantiv im Plural unverändert:

un/des porte-monnaie	Geldbörse(n)
un/des gratte-ciel	Wolkenkratzer
un/des passe-partout	Dietrich(e)
un/des pare-chocs	Stoßstange(n)

aber:

un tire-bouchon	**des tire-bouchons**	Korkenzieher
un essuie-glace	**des essuie-glaces**	Scheibenwischer

Wenn die zusammengesetzten Substantive aus Substantiv + Substantiv oder Adjektiv + Substantiv bestehen, werden beide in den Plural gesetzt:

une porte-fenêtre	**des portes-fenêtres**	Französische(s) Fenster
un chou-fleur	**des choux-fleurs**	Blumenkohl

Wenn die zusammengesetzten Substantive aus Präposition + Substantiv bestehen, so ist der Plural gleich wie der Singular:

un hors d'oeuvre	**des hors d'oeuvre**	Vorspeise(n)

18f Substantivierte Adjektive

Im Französischen werden Adjektive häufig substantiviert, also als Substantiv gebraucht.

(i) Impliziertes Substantiv

Manchmal wird das Substantiv stark impliziert:

Pour la photo, mettons les petits devant et les grands derrière.	Für das Photo stellen wir die Kleinen nach vorne und die Großen nach hinten.
Le plus urgent, c'est de contacter les parents.	Das Wichtigste ist, die Eltern zu benachrichtigen.

Die Unterscheidung männlich/weiblich wird häufig durch substantivierte Adjektive dargestellt:

une vieille	eine alte Frau
un jeune aveugle	ein blinder junger Mann

(ii) Abstrakte Substantive

Adjektive können auch alleine stehen, wenn sie abstrakte Substantive darstellen. In diesem Fall sind sie maskulin:

Il ne sait pas distinguer le vrai et le faux.	Er kann zwischen dem Wahren und dem Falschen nicht unterscheiden.

18g Aus anderen Wortarten gebildete Substantive

Manchmal können im Französischen auch Präpositionen substantiviert werden:

le pour et le contre	das Für und Wider

➤ [Substantivierte Verben ➤10a(iii)].

19 Substantive näher bestimmen: Bestimmungswörter

19a Was sind Bestimmungswörter?

Bestimmungswörter gehören zu den in jeder Sprache am häufigsten gebrauchten Wörtern. Sie begleiten das Substantiv und stellen es in einen Zusammenhang. Sie geben an, ob die genannten Personen und Dinge bekannt sind oder nicht, (zu) wem sie gehören, wie viele es davon gibt usw. So kann zum Beispiel ein Substantiv wie **voiture** »Auto« je nach Zusammenhang von verschiedenen Bestimmungswörtern näher bestimmt werden.

***La* voiture était sale.**	*Das* Auto war schmutzig. *(Nicht irgendein Auto, sondern ein bestimmtes)*
Il me faut *une* voiture.	Ich brauche *ein* Auto. *(Nicht spezifiziert - könnte ein beliebiges sein)*
***Cette* voiture a un toit ouvrant.**	*Dieses* Auto hat ein Schiebedach. *(Betonter Bezug auf ein bestimmtes Auto)*
***Notre* voiture est trop petite.**	*Unser* Auto ist zu klein. *(Es gehört uns.)*
Nos voisins ont *trois* voitures.	Unsere Nachbarn haben *drei* Autos. *(Anzahl angegeben)*
***Quels* voisins?**	*Welche* Nachbarn? *(Frage nach genauer Bestimmung)*

Dabei darf man nicht vergessen, daß die meisten Bestimmungswörter im Französischen dem jeweiligen Substantiv *angeglichen* werden müssen, d.h. sie werden entsprechend dem Geschlecht des Substantivs (maskulin oder feminin) bzw. der Anzahl (Singular oder Plural) entsprechend verändert.

19b Das Fragewort quel: »welcher/welche/welches« oder »wie/was«

	Singular	*Plural*
maskulin	**quel**	**quels**
feminin	**quelle**	**quelles**

Quel chemin prenons-nous?	Welchen Weg nehmen wir?
Quelle heure est-il?	Wie spät ist es?
Quels endroits veux-tu voir?	Welche Orte möchtest du sehen?
Quelles idées as-tu?	Was für Ideen hast du?

Quel kann in direkten und indirekten Fragen gleichermaßen gebraucht werden [➤5d].

Quelle route préfères-tu?	Welche Straße ziehst du vor?
Il n'a pas dit quelle route il prenait.	Er hat nicht gesagt, welche Straße er nimmt.

Quel kann durch eine Form des Verbs **être** vom zugehörigen Substantiv getrennt werden:

Quels sont tes projets pour aujourd'hui?	Was hast du für heute geplant?

19c Bereits bekannt: der bestimmte Artikel le, la, les

Im Französischen wird der bestimmte Artikel im allgemeinen genauso mit den Substantiven gebraucht wie im Deutschen, manchmal findet man jedoch auch einen bestimmten Artikel in einer Konstruktion, bei der er im Deutschen nicht erforderlich wäre. Beispiele dafür finden Sie weiter unten in diesem Abschnitt [➤19c, (iv)].

(i) Formen

Der bestimmte Artikel hat die folgenden Formen:

	Singular	*Plural*
Vor maskulinen Substantiven	**le, l'**	**les**
Vor femininen Substantiven	**la, l'**	**les**

(ii) l'

Die abgekürzte Form **l'** anstelle von **le** bzw. **la** wird vor Wörtern gebraucht, die mit einem Vokal oder einem stummen **h-** [➤2a(i)] beginnen. Dies erleichtert die Aussprache:

l'enfant	das Kind	**l'homme**	der Mann

SUBSTANTIVE UND REDEWENDUNGEN

Beachten Sie bitte, daß **l'** bei Pluralformen nicht verwendet wird, und daß das abschließende **-s** von **les** vor Vokalen stimmhaft ausgesprochen wird:

les enfants	die Kinder	**les hommes**	die Männer

(iii) ***à, de*** *+ bestimmter Artikel*

Wenn die Präpositionen **à** und **de** vor den bestimmten Artikeln **le** und **les** stehen, so bilden sie mit ihnen die folgenden zusammengesetzten Formen:

à + le	>	**au**	**de + le**	>	**du**
à + les	>	**aux**	**de + les**	>	**des**

Die Formen **la** und **l'** sind davon nicht betroffen.

Je vais *au* bureau ce matin.	Ich gehe heute morgen ins Büro.
Je passerai *à la* boulangerie.	Ich schaue in der Bäckerei vorbei.
Je dirai bonjour *aux* voisins.	Ich sage den Nachbarn guten Tag.
J'arriverai *à l'*heure.	Ich werde pünktlich ankommen.
Je rentre souvent tard *du* bureau.	Ich komme oft spät vom Büro nach Hause.
Je regarde la tête *des* voyageurs.	Ich betrachte die Gesichter der Reisenden.
C'est la fin *de la* journée.	Es ist das Ende des Tages.

(iv) Der Gebrauch des bestimmten Artikels

Im Französischen wird der bestimmte Artikel gebraucht:

(A) Um wie im Deutschen darzustellen, daß man sich auf eine bestimmte Person oder einen bestimmten Gegenstand bezieht:

N'oubliez pas *la* clé.	Vergessen Sie den Schlüssel nicht.
Avez-vous fermé *les* fenêtres?	Haben Sie die Fenster geschlossen?

(B) Zur Verallgemeinerung oder zur Verwendung von abstrakten Substantiven:

***Le* vin coûte moins cher en France.**	Wein kostet in Frankreich weniger.

Je n'aime pas tellement *la* bière.	Ich mag Bier nicht besonders gerne.
***La* politique ne m'intéresse pas.**	Politik interessiert mich nicht.
Tant qu'il y a de *la* vie il y a de *l'*espoir.	Solange es Leben gibt, gibt es Hoffnung.

Den vorstehenden Beispielen können Sie entnehmen, daß der bestimmte Artikel im Deutschen bei Verallgemeinerungen oder abstrakten Ausdrücken häufig entfällt. Im Französischen ist er jedoch unbedingt erforderlich.

(C) Zum Ausdruck von Geschwindigkeit und Preisen für eine bestimmte Menge. Im Deutschen verwendet man statt dessen meist »pro«:

Nous roulons à 120 kilomètres *à l'*heure.	Wir fahren mit 120 km/h.
Ce fromage est à 70 francs *le* kilo.	Dieser Käse kostet 70 Francs pro Kilo.
Le tissu bleu marine est à 80 francs *le* mètre.	Der marineblaue Stoff kostet 80 Francs pro Meter.

(D) Bei der Bezugnahme auf Körperteile, vor allem, wenn sie als Objekt eines Verbs oder mit reflexiven Verben gebraucht werden:

Ferme *les* yeux!	Schließ die Augen!
Tu peux me gratter *le* dos?	Kannst du mir den Rücken kratzen?
J'ai *la* tête qui tourne.	Mir ist schwindlig.
Donne-moi *la* main.	Gib mir die Hand.
Je me suis lavé *la* figure.	Ich habe mir das Gesicht gewaschen.
Il se ronge *les* ongles.	Er kaut seine Nägel.

(E) Bei der Bezugnahme auf Ländernamen und andere geographische Bezeichnungen:

J'adore *la* France, et surtout *la* Provence.	Ich liebe Frankreich, vor allem die Provence.
Vous connaissez le Mont Ventoux?	Kennen Sie den (Mont) Ventoux?

(F) Bei der Bezugnahme auf Sprachen:

Est-ce que *l'*espagnol est plus facile que *le* français?	Ist Spanisch leichter als Französisch?

Beachten Sie hier jedoch, daß der Artikel mit dem Verb **parler** nicht gebraucht wird, es sei denn, dieses Verb wird z.B. durch ein Adverb genauer bestimmt:

Elle parle espagnol, et elle parle très mal *le* russe.	Sie spricht Spanisch, und sie spricht sehr schlecht Russisch.

19d Demonstrative Bestimmungswörter: ce, cet(te), ces

	Singular	*Plural*
maskulin	**ce, cet**	**ces**
feminin	**cette**	**ces**

Die Form **cet** im Maskulinum Singular wird vor einem Vokal oder einem stummen **h** eingesetzt.

Demonstrative Bestimmungswörter sind wie ausdrucksstarke bestimmte Artikel. Im Deutschen haben sie im allgemeinen eine stärke Betonung als im Französischen, wo sie wesentlich breitere Verwendung finden:

Ce bouquin que tu as acheté hier, tu peux me le montrer?	Das Buch, das du gestern gekauft hast, kannst du es mir zeigen?
Ce bouquin que tu as acheté hier, je le trouve très intéressant.	Das Buch, das du gestern gekauft hast, finde ich sehr interessant.

Um die Unterscheidung, die im Deutschen durch »dieses« bzw. »jenes« ausgedrückt wird, darzustellen, werden im Französichen die betonenden Nachsilben **-ci** bzw. **-là** angehängt:

Moi je préfère cette table-là: cette table-ci est trop près de la porte.	Ich ziehe diesen Tisch vor, jener dort steht zu nahe an der Tür.

19e Unbekannte Personen und Dinge: der unbestimmte Artikel un, une, des

(i) Formen

Der unbestimmte Artikel hat die drei folgenden Formen:

	Singular	Plural
maskulin	**un**	**des**
feminin	**une**	**des**

(ii) Gebrauch

Wenn der unbestimmte Artikel verwendet wird, wissen wir, um was für eine Art von Person oder Ding es sich handelt, jedoch nicht genau, um wen oder was.

Il y a longtemps que je n'ai pas vu *un* bon film.	Es ist lange her, daß ich einen guten Film gesehen habe.
Est-ce qu'il y a *un* cinéma en ville?	Gibt es ein Kino in der Stadt?
Il y a *des* boîtes de nuit, mais je ne sais pas s'il y a *un* cinéma.	Es gibt Nachtklubs, aber ich weiß nicht, ob es ein Kino gibt.

(iii) *Etre* + Berufsbezeichnung

Wie im Deutschen wird nach dem Verb **être** + einer Berufsbezeichnung kein unbestimmter Artikel verwendet:

Il est médecin.	Er ist Arzt.

Nach **c'est** braucht man jedoch einen Artikel:

C'est un médecin.	Er ist Arzt.

Die vorstehenden Sätze haben die gleiche Bedeutung. Wird das Substantiv jedoch durch ein Adjektiv näher bestimmt, so muß **c'est** gebraucht werden:

C'est un très bon médecin.	Er ist ein sehr guter Arzt.

19f Unbekannte Mengen: der Teilungsartikel

(i) Du, de la, de l'

Der Teilungsartikel hat die drei Formen **du, de la** und **de l'.** Er wird im Deutschen manchmal ausgedrückt, aber meist entfällt er völlig. Im Französischen ist er jedoch unbedingt erforderlich:

Il y a du miel et de la confiture sur la table.	Es steht Honig und Marmelade auf dem Tisch.
J'ai mis aussi du yaourt.	Ich habe auch Joghurt herausgestellt.
Avons-nous de la confiture d'orange?	Haben wir Orangenmarmelade?
Si tu me donnes de l'argent, j'en achèterai ce matin.	Wenn du mir Geld gibst, kaufe ich heute morgen welche.

(ii) Mengenangabe + ***de***

Für die Formen der unbestimmten und Teilungsartikel **du/de la/des** wird nach Mengenangaben **de** gebraucht:

beaucoup de viande	viel Fleisch
très peu de légumes	etwas Gemüse
trop de matière grasse	zuviel Fettgehalt
assez de sel	genug Salz
un verre d'eau	ein Glas Wasser
une bouteille de vin	eine Flasche Wein

Ausnahmen: **encore** »noch, mehr«; **bien** »viele«; **la plupart** »Großteil, meist«.

–Encore du vin, chers amis!	»Noch etwas Wein, Freunde!«
Dans bien des cas c'est différent.	In vielen Fällen ist es anders.
La plupart de mes amis ne fument plus.	Die meisten meiner Freunde rauchen nicht mehr.
La plupart du temps a été consacrée à la lecture.	Die meiste Zeit wurde mit Lesen zugebracht.

Anmerkung Wie die vorstehenden Beispiele zeigen, folgt auf **la plupart** ein Pluralverb, wenn es sich auf ein Substantiv im Plural bezieht.

(iii) Verneinte Mengenangaben

Pas de betrachtet man am besten als verneinte Mengenangabe. Entsprechend werden die unbestimmten Artikel **un/une/des** und die Teilungsartikel **du/de la/de l'** nach einer Verneinung auch durch **de** bzw. **d'** ersetzt.

Il n'y a pas de sucre dans le bol.	Es ist kein Zucker in der Schale.

Das Gleiche gilt auch für andere negative Formen, die (verneinte) Mengen ausdrücken:

Il ne reste plus de vin.	Es ist kein Wein mehr übrig.
Il n'y a jamais d'eau fraîche dans le frigo.	Es ist nie kühles Wasser im Kühlschrank.

Ne ... que [➤25d] wird in diesem Zusammenhang nicht als Verneinung betrachtet:

Nous n'avons que de la bière.	Wir haben nur Bier.

Wenn sich eine Verneinung nicht auf eine Mengenangabe bezieht, dann werden die unbestimmten und Teilungsartikel nicht durch **de** ersetzt:

Je n'ai pas de montre.	Ich habe keine Uhr. *(Verneinte Mengenangabe)*

Aber:

Ce n'est pas une montre.	Das ist keine Uhr. *(Verneinte Identität)*

(iv) ***De*** *+ Adjektiv + Substantiv*

In den meisten Fällen sollte **des** zu **de** bzw. **d'** verkürzt werden, wenn es von der Kombination Adjektiv + Substantiv gefolgt wird.

J'ai eu *de* gros problèmes.	Ich habe große Probleme.
Est-ce qu'il y a *d'*autres questions?	Gibt es noch Fragen?

Diese Regel wird jedoch nicht angewendet, wenn das Adjektiv und Substantiv häufig in einer bestimmten Kombination verwendet werden:

Tu peux acheter *des petits pois*?	Kannst du Erbsen kaufen?

19g Weitere unbestimmte Bestimmungswörter im Französischen

Neben dem oben beschriebenen Gebrauch der unbestimmten und Teilungsartikel [➤19e, 19f] möchten wir auf die folgenden Formen hinweisen:

(i) **Aucun(e)** *»kein, keine«* [➤25a **(vi)**]

Il n'y a donc *aucun* problème, sauf peut-être pour choisir.	Also gibt es *kein* Problem, außer vielleicht eine Wahl zu treffen.

(ii) **Autre(s)** *»andere«*

Il y a une *autre* possibilité. Je peux proposer d'*autres* solutions.	Es gibt eine *andere* Möglichkeit. Ich kann *andere* Lösungen vorschlagen.

(iii) **Chaque** *»jeder, jede, jedes«*

Chaque existiert nur in der unveränderlichen Singularform:

***Chaque* établissement a son propre caractère. Le menu est différent *chaque* jour.**	*Jede* Siedlung hat ihren eigenen Charakter. Das Menü ist *jeden* Tag anders.

Beachtenswert: das Pronomen **chacun(e):**

***Chacune* de mes soeurs a participé à la cérémonie.**	*Jede* meiner Schwestern hat an der Zeremonie teilgenommen.

(iv) **Même(s)** *»gleicher, gleiche, gleiches/derselbe, dieselbe, dasselbe«*

Même wird dem Substantiv gewöhnlich vorangestellt. Wenn es dem Substantiv nachgestellt wird, wirkt es betonend:

Nous sommes arrivés par le *même* train ... le jour *même* où ils sont partis.	Wir sind mit *demselben* Zug angekommen ... am *selben* Tag, als sie abreisten.

Le/la même, les mêmes können allein für sich stehen, das Substantiv ist impliziert:

–C'est ton ancien professeur? **–Oui, le *même*.**	Ist das dein früherer Lehrer? Ja, *derselbige*.

(v) *Plusieurs* »mehrere«

Plusieurs existiert nur in der unveränderlichen Pluralform:

Je connais *plusieurs* endroits où on peut bien manger.	Ich kenne *mehrere* Orte, wo man gut essen kann.

(vi) *Quelque(s)* »einige, ein paar«

Quelque wird im Singular am häufigsten in festen Ausdrücken wie den folgenden angetroffen:

quelque chose	etwas	**quelque part**	irgendwo

Andere Verwendungsmöglichkeiten sind z.B.:

Il habite à *quelque* distance d'ici.	Er wohnt in *einiger* Entfernung von hier.

Im Plural bedeutet **quelques** »einige, ein paar«.

Nous avons invité *quelques* amis. **Il y a *quelques* restaurants dans les vieux quartiers.**	Wir haben *einige* Freunde eingeladen. Es gibt *ein paar* Restaurants in den alten Stadtvierteln.

⚠ **Quelquefois** »manchmal« wird stets in einem Wort geschrieben.

(vii) *Tel, tels, telle, telles* »solcher, solche, solches«

Tel wird stets an das zugehörige Substantiv angepaßt. Es steht gewöhnlich vor dem Substantiv:

Une *telle* histoire mérite notre attention.	Eine *solche* Geschichte verdient unsere Aufmerksamkeit.
De *tels* événements me semblent impensables.	*Solche* Ereignisse erscheinen mir undenkbar.

Es kann auch alleine verwendet werden, vor allem in der Konstruktion **tel que:**

Elle était *telle que* je l'avais imaginée.	Sie war *so, wie* ich es mir vorgestellt hatte.
Un port *tel que* Calais...	Ein Hafen *wie* Calais ...

Tel kann nicht zur Bestimmung eines Adjektivs gebraucht werden. Wollen Sie zum Beispiel etwas wie »solch ein geschäftiger Tag« ausdrücken, so müssen Sie dazu **si** verwenden:

Une journée si occupée.	Solch ein geschäftiger Tag.

(viii) ***Tout*** *»alle, jeder, jede, jedes, ganzer, ganze, ganzes«*

Das Wort **tout** findet im Französischen eine breite Verwendung. Als Adjektiv hat es die folgenden Formen:

	Singular	***Plural***
Maskulinum	**tout**	**tous**
Femininum	**toute**	**toutes**

Es wird normalerweise von einem bestimmten Artikel [➤19c], demonstrativen [➤19d] oder possessiven Bestimmungswort [➤19h] gefolgt.

Es gibt im Deutschen verschiedene Entsprechungen und Übersetzungsmöglichkeiten:

Il travaille *tout* le temps: *tous* les soirs il reste au bureau. Son travail, c'est *toute* sa vie.	Er arbeitet die *ganze* Zeit: *jeden* Abend bleibt er im Büro. Seine Arbeit ist sein *ganzes* Leben.

Beachten Sie, daß »jeder, jede, jedes« auf zwei Arten ausgedrückt werden kann:

tous les soirs	jeden Abend	**chaque soir**	jeden Abend

19h *Zugehörigkeit: possessive Bestimmungswörter*

Possessive Bestimmungswörter zeigen an, daß das Substantiv jemandem oder etwas *gehört.* Wie im Deutschen richtet sich die Form des Possessivs nach dem *Besitzer* und das Geschlecht und der Numerus (Singular/Plural) nach dem *Besessenen.* Dabei verstehen sich die Wörter »gehören« und »Besitzer« im weitesten Sinn, denn Possessive beschreiben eine Vielzahl von Beziehungen zwischen Menschen und Dingen.

Die possessiven Bestimmungswörter haben die folgenden Formen:

(i) ***Mon, ma, mes*** *»mein, meine«*

mon stylo	mein Füller	**mon** vor Maskulinum, Singular
ma montre	meine Uhr	**ma** vor Femininum, Singular
mon ami(e)	mein(e) Freund(in)	**mon** vor jedem Substantiv im Singular, das mit einem Vokal oder stummen **h**- beginnt
mes stylos	meine Füller	**mes** vor allen Substantiven im Plural
mes montres	meine Uhren	
mes ami(e)s	meine Freunde meine Freundinnen	

(ii) ***Ton, ta, tes*** *»dein, deine«*

ton stylo	dein Füller	entspricht der **tu**-Form
ta montre	deine Uhr	
ton ami(e)	dein(e) Freund(in)	
tes ami(e)s	deine Freunde deine Freundinnen	

(iii) ***Son, sa, ses*** *»sein, seine, ihr, ihre«*

son, sa, ses	sein, seine
son, sa, ses	ihr, ihre
son âge	sein Alter, ihr Alter
sa couleur	seine Farbe, ihre Farbe
ses qualités	seine Eigenschaften, ihre Eigenschaften

Im vorstehenden Beispiel können wir nicht auf das Geschlecht des Besitzers schließen, da die Wörter aus dem Zusammenhang gerissen sind. Im allgemeinen enthält jedoch der Rest des Satzes die entsprechenden Angaben, wie in den folgenden Beispielen:

La banque a fermé *ses* portes.	Die Bank hat *ihre* Türen geschlossen.
***Son* directeur a été arrêté.**	*Ihr* Direktor wurde verhaftet.
***Sa* réputation est compromise.**	*Sein* Ruf ist ruiniert.
***Sa* femme l'a abandonné et elle vit maintenant avec sa fille.**	*Seine* Frau hat ihn verlassen und sie wohnt jetzt bei ihrer Tochter.

Wenn es nötig ist, das Geschlecht des Besitzers klarzustellen, so können die betonten Formen **à lui, à elle** hinzugefügt werden:

C'est sa montre *à lui*.	Es ist *seine* Uhr.
C'est son stylo *à elle*.	Es ist *ihr* Stift.

(iv) ***Notre, nos*** *»unser, unsere«;* ***votre, vos*** *»euer, eure, Ihr, Ihre«*

notre père	unser Vater	**notre** vor Maskulinum und Femininum Singular
notre mère	unsere Mutter	
nos fils	unsere Söhne	**nos** vor Maskulinum und Femininum Plural
nos filles	unsere Töchter	

votre père	euer/Ihr Vater	entspricht der **vous**-Form
votre mère	eure/Ihre Mutter	
vos fils	eure/Ihre Söhne	
vos filles	eure/Ihre Töchter	

(v) ***Leur, leurs*** *»ihr, ihre«*

Wo es beim Gebrauch von **leur(s)** erforderlich ist, das Geschlecht des Besitzers anzugeben, kann dies durch Hinzufügen des betonten Personalpronomens folgendermaßen geschehen:

leur argent à elles	ihr Geld	*(zeigt an, daß die Besitzer weiblich sind)*
leur argent à eux	ihr Geld	*(zeigt an, daß die Besitzer männlich sind oder männlich und weiblich)*

Bei der Bezugnahme auf Körperteile wird im Französischen ähnlich wie im Deutschen der bestimmte Artikel verwendet [➤19c(iv)]:

Je me suis lavé les mains.	Ich habe mir die Hände gewaschen.

➤ [Betonte Possessivpronomina ➤21i]

20 Substantive beschreiben: Adjektive

20a *Wozu dienen Adjektive?*

(i) *Attributive und prädikative Adjektive*

Adjektive beschreiben Substantive. Sie können entweder als Teil eines Ausdrucks, der ein Substantiv enthält, d.h. *attributive* Adjektive gebraucht werden:

le *jeune* homme	der *junge* Mann

oder als *prädikative* Adjektive vom Substantiv getrennt im Satz stehen:

L'homme en question était *jeune*.	Der betreffende Mann war *jung*.

(ii) *Angleichen der Adjektive*

Die Adjektive sind im Französischen im Singular oder Plural, Maskulinum oder Femininum je nach dem Substantiv, auf das sie sich beziehen. Obgleich es viele Variationen gibt, wie das Femininum und die Pluralform gebildet werden [➤20d, 20e], besteht das Grundmuster darin, daß für die weibliche Form ein **-e** und für den Plural ein **-s** (Maskulinum) bzw. **-es** (Femininum) angehängt wird:

	Singular	***Plural***
maskulin	**le petit prince**	**les petits princes**
feminin	**la petite princesse**	**les petites princesses**

20b *Begleiter des Substantivs: attributive Adjektive*

(i) *Die Stellung der Adjektive*

Im Französischen folgen die Adjektive gewöhnlich dem Substantiv, auf das sie sich beziehen:

un passeport français	ein französischer Reisepaß
un document confidentiel	ein vertrauliches Dokument

une lettre désagréable	ein unangenehmer Brief
une note excessive	eine überhöhte Rechnung

Eine Reihe häufig gebrauchter Adjektive gehen dem Substantiv jedoch normalerweise voraus:

beau	**un beau jour d'été**	ein schöner Sommertag
bon	**un bon repas**	eine gute Mahlzeit
grand	**les grands concours**	die großen Wettkämpfe
gros	**de gros problèmes**	schwere Probleme
jeune	**un jeune employé**	ein junger Arbeitnehmer
joli	**une jolie plage**	ein schöner Strand
long	**un long discours**	eine lange Rede
mauvais	**un mauvais début**	ein schlechter Anfang
meilleur	**un meilleur résultat**	ein besseres Ergebnis
nouveau	**un nouveau voisin**	ein neuer Nachbar
petit	**un petit conseil**	ein kleiner Rat
vieux	**les vieux arbres**	die alten Bäume

(ii) Sogar diejenigen Adjektive, die normalerweise auf das Substantiv folgen, können in manchen Fällen dem Substantiv vorangestellt werden, vor allem, wenn sie auf subjektive oder stilisierte Weise gebraucht werden:

La Grèce et ses innombrables richesses...	Griechenland mit seinen zahllosen Schätzen..
Les superbes sites historiques...	Die wundervollen historischen Stätten...

(iii) Eine Reihe von Adjektiven haben eine andere Bedeutung, je nachdem, ob sie dem Substantiv vorausgehen oder folgen:

ancien	**un ancien collègue**	ein ehemaliger Kollege
	un bâtiment ancien	ein altes Gebäude
cher	**mon cher ami**	mein lieber Freund
	une voiture chère	ein teures Auto
pauvre	**ma pauvre chérie!**	mein armer Liebling! (Mitleid)
	une famille pauvre	eine arme Familie (finanziell)
propre	**leur propre maison**	ihr eigenes Haus
	une maison propre	ein sauberes Haus
vrai	**le vrai champagne**	echter Champagner
	une histoire vraie	eine wahre Geschichte

Auf Substantive können auch Ausdrücke mit subjektivierten Adjektiven folgen [➤3c].

20c In einiger Entfernung: prädikative Adjektive

(i) *Prädikativ* bedeutet »zum Prädikat gehörig« [➤4c]. Diese Adjektive werden gewöhnlich durch ein Verb wie **être** »sein«, **devenir** »werden« oder **sembler** »scheinen« mit dem Subjekt verbunden.

Obgleich sie nicht direkt bei dem Substantiv stehen, auf das sie sich beziehen, werden sie ihm doch in bezug auf Geschlecht und Numerus genau so angeglichen, wie wenn sie attributiv gebraucht werden [➤20b]:

Les vins de Californie sont *intéressants.*	Kalifornische Weine sind interessant.
La couleur de ce vin rouge me semble *bonne.*	Die Farbe dieses Rotweins sieht (mir) gut aus.
Le bouquet est *agréable*...	Das Bouquet ist angenehm ...
Le goût est *distingué*...	Der Geschmack ist distinguiert...
...et l'étiquette est *jolie*!	...und das Etikett ist hübsch!

(ii) *Angleichung an mehr als ein Substantiv*

Wenn sich ein Adjektiv auf mehr als ein Substantiv bezieht, so steht es im Plural und wird dem Geschlecht der Substantive angeglichen:

La porte et la fenêtre sont ouvert*es*.	Die Tür und das Fenster sind offen.

Wären die Substantive im obigen Beispiel unterschiedlichen Geschlechts, so stünde das Adjektiv im Maskulinum Plural:

La fenêtre et le volet sont ouvert*s*.	Das Fenster und der Fensterladen sind offen.

(iii) *Angleichung an Pronomina*

Vergessen Sie nicht, daß Pronomina wie **je, tu, nous, vous** je nachdem, auf wen sie sich beziehen, auch feminin sein können, und das Adjektiv dann dieser Person entsprechend angepaßt wird:

– Je suis prête, a dit Christine. Et toi, Philippe?	»Ich bin fertig,« sagte Christine. »Bist du fertig, Philippe?«

– Non, mais je serai prêt dans cinq minutes.	»Nein, aber in fünf Minuten bin ich fertig.«
– Alors, nous ne serons pas les derniers.	»Dann werden wir nicht die letzten sein.«

(iv) *Angleichung an* ***on***

Wird das Pronomen **on** anstelle von **nous** verwendet, so folgt ihm ein angeglichenes Adjektiv im Plural, wenn die Bedeutung dies erfordert [➤21b(iv)]:

On ne sera pas les derniers.	Wir werden nicht die letzten sein.

(v) *Angleichung an* ***vous***

Vous kann je nach Zusammenhang Singular oder Plural sein.

Vous êtes prêt?	Sind Sie fertig? *(wenn man eine Person anspricht)*
Vous êtes prêts?	Sind Sie/Seid ihr fertig? *(mehr als eine Person)*

(vi) ***Avoir chaud*** *usw.*

Eine Reihe von alltäglichen Redewendungen, die im Deutschen mit »sein« + Adjektiv gebildet werden, werden im Französischen mit **avoir** anstelle von **être** gebildet. Dazu gehören:

avoir froid	kalt sein (mir ist ...)
avoir chaud	warm, heiß sein (mir ist ...)
avoir mal	schmerzen, weh tun
avoir faim	hungrig sein
avoir soif	durstig sein
avoir sommeil	schläfrig sein
avoir honte	beschämt sein

In diesen Ausdrücken sind **chaud, froid** usw. unveränderlich; sie werden nicht angeglichen.

Si les enfants ont soif, on peut boire quelque chose.	Wenn die Kinder durstig sind, können wir etwas trinken.

– Où est-ce que tu as mal?	»Wo tut es dir weh?«
– Partout!	»Überall!«

➤ [**avoir** zur Angabe des Alters ➤28d].

20d Das Femininum der Adjektive

(i) Endung -e

In der Regel wird das Femininum der Adjektive durch Anhängen des Buchstabens **-e** gebildet:

grand, grande	groß
vert, verte	grün

Adjektive, deren maskuline Form jedoch bereits auf **-e** endet, bleiben unverändert:

un jeune homme	ein junger Mann
une jeune femme	eine junge Frau
un crayon rouge	ein roter Stift
une cravate rouge	eine rote Krawatte

(ii) Andere Formen

Es gibt viele Fälle, in denen das Femininum nicht gemäß der vorstehenden Regeln gebildet wird. Am häufigsten sind:

- Verdoppelung des Endkonsonanten + **e:**

bas	**basse**	niedrig
épais	**épaisse**	dick
gras	**grasse**	fett
gros	**grosse**	dick
gentil	**gentille**	nett
bon	**bonne**	gut
cruel	**cruelle**	grausam
italien	**italienne**	italienisch
muet	**muette**	stumm
pareil	**pareille**	ähnlich

- Maskulinum endet auf **-c,** Femininum auf **-che:**

blanc	**blanche**	weiß
franc	**franche**	frei
sec	**sèche**	trocken *(beachten Sie den accent grave)*

• Maskulinum endet auf **-x,** Femininum auf **-se:**

heureux	**heureuse**	glücklich
jaloux	**jalouse**	eifersüchtig

Ausnahmen:

roux	**rousse**	rothaarig
doux	**douce**	zart
faux	**fausse**	falsch

• Maskulinum endet auf **-er, -ier,** Femininum auf **-ère, -ière:**

léger	**légère**	leicht
premier	**première**	erste

• Maskulinum endet auf **-f,** Femininum auf **-ve:**

vif	**vive**	lebhaft
naïf	**naïve**	naiv

• Maskulinum endet auf **-eau,** Femininum auf **-elle;**
• Maskulinum endet auf **-ou,** Femininum auf **-olle:**

beau	**belle**	schön, gutaussehend
nouveau	**nouvelle**	neu
fou	**folle**	verrückt
mou	**molle**	weich

Diese Gruppe von Adjektiven hat eine zweite Form für das Maskulinum Singular: **bel, nouvel, fol, mol,** die vor einem Substantiv verwendet wird, das mit einem Vokal oder einem stummen **h-** beginnt.

Anmerkung: Dies gilt auch für **vieux (vieil), vieille** »alt«.

20e Der Plural der Adjektive

(i) Femininum Plural

Der Plural *aller femininen Adjektive* wird durch Anhängen des Buchstabens **-s** an das Femininum Singular gebildet. Die gilt für regelmäßige und unregelmäßige Formen:

blanche	**blanches**
vieille	**vieilles** usw.

(ii) Maskulinum Plural

Der Maskulinum Plural der meisten Adjektive wird durch

Anhängen von **-s** an das Maskulinum Singular gebildet. Es gibt hier jedoch eine Reihe von Ausnahmen, die der Pluralbildung der Substantive ähneln [➤18e]:

	Maskulinum Singular	*Maskulinum Plural*
-eau	**-eaux**	**beau, beaux**
-s, -x	unverändert	**gros, faux**
-al	**aux**	**primordial, primordiaux**

Ausnahmen: **fatals, finals, banals, navals.**

20f Unveränderliche Adjektive

Eine sehr kleine Anzahl an Adjektiven werden zur Bildung von Femininum und Plural nicht verändert. Dazu gehören aus dem Englischen entlehnte Wörter (z.B. **snob,** snobistisch), zusammengesetzte Bezeichnungen von Farben (**gris-bleu** »graublau«; **vert clair** »hellgrün«; **bleu foncé** »dunkelblau«) und einige einfache Farben (**marron** »braun«; **khaki** »khaki«; **or** »gold«; **châtain** »kastanienbraun«).

Adjektive können substantiviert werden [➤18f].

20g Mehr und am meisten: Steigerungsformen

(i) Vergleiche

Die meisten (jedoch nicht alle) Adjektive können für Vergleiche gebraucht werden. Dazu verwenden wir eine der beiden Steigerungsformen, den *Komparativ* oder den *Superlativ:*

Marie-Christine a douze ans.	Marie-Christine ist zwölf Jahre alt.
Josiane est *plus jeune* – elle a 10 ans.	Josiane ist *jünger* – sie ist zehn.
Christel a sept ans: elle est *la plus jeune* – et *la plus bavarde*.	Christel ist sieben; sie ist *die jüngste* und *die schwatzhafteste*.

(ii) Bildung

Im Französischen gibt es eine einfache, grundlegende Methode zur Ableitung von Komparativ und Superlativ. Dazu wird nur das Wort **plus** zur Bildung des Komparativs und **le/la/les plus** zur Bildung des Superlativs eingefügt. Begleitet das Adjektiv ein Substantiv, so stehen Komparativ und Superlativ in der gleichen Stellung wie normalerweise das nicht gesteigerte Adjektiv, nämlich vor oder nach dem Verb:

une vieille rue	eine alte Straße
une plus vieille rue	eine ältere Straße
la plus vieille rue	die älteste Straße
une rue intéressante	eine interessante Straße
une rue plus intéressante	eine interessantere Straße
la rue la plus intéressante	die interessanteste Straße

Beachten Sie, daß wenn der Superlativ dem Substantiv folgt, der in Geschlecht und Anzahl entsprechende Artikel wiederholt wird:

les endroits les plus dangereux	die gefährlichsten Orte

(iii) *Mit Possessiven (**mon, ma, mes** usw.)*

Wird ein Possessiv gebraucht (**mon, ma, mes; ton, ta, tes** usw.), so ersetzt es in den Fällen, wo das Adjektiv dem Substantiv vorausgeht, den Artikel **le, la, les.** Folgt das Adjektiv auf das Substantiv, so bleibt der den Superlativ einleitende Artikel unverändert:

son plus gros paquet	sein/ihr größtes Paket
son paquet le plus lourd	sein/ihr schwerstes Paket

(iv) ***Bon, mauvais***

Die Adjektive **bon** und **mauvais** haben unregelmäßige Steigerungsformen.

bon	gut	**une bonne nouvelle**	eine gute Nachricht
meilleur	besser	**une meilleure nouvelle**	eine bessere Nachricht
le meilleur	beste	**la meilleure nouvelle**	die beste Nachricht
mauvais	schlecht	**un mauvais rêve**	ein schlechter Traum
pire oder **plus mauvais**	schlechter	**un plus mauvais jour**	ein schlechterer Tag
le pire oder **le plus mauvais**	schlechteste	**le plus mauvais temps**	das schlechteste Wetter

Die Formen **pire** und **le pire** sind heutzutage prädikativen Konstruktionen vorbehalten [➤20c], und auch dann nur für verallgemeinerte emotionale und/oder moralische Reaktionen:

La situation aujourd'hui est pire que jamais.	Die Lage ist heutzutage schlimmer denn je.

• Beachten Sie auch **moindre** »geringer, kleiner«; **le moindre** »geringste, kleinste«:

Tu m'appelleras si tu as le moindre problème.	Du wirst mich anrufen, wenn du das geringste Problem hast.

Zum Größenvergleich »klein, kleiner, der/die/das kleinste« würde man jedoch normalerweise das Adjektiv **petit** verwenden:

Cueille les meilleurs fruits, et laisse *les plus petits*.	Pflücke die besten Früchte und lasse die kleinsten.

(v) **Plus ... que** *Komparativ + »als«*

Catherine est *plus* grande *que* son frère.	Catherine ist größer als ihr Bruder.
La vieille ville est *plus* pittoresque *que* les quartiers modernes.	Die Altstadt ist malerischer als die modernen Viertel.

(vi) **Moins** *»weniger, am wenigsten«*

Der von **moins** »weniger, am wenigsten« anstelle von **plus** eingeleitete Komparativ bzw. Superlativ wird nach den gleichen Regeln gebildet und gebraucht:

Le théâtre serait moins cher que l'opéra.	Das Theater wäre billiger als die Oper.
Le cinéma serait moins cher que le théâtre.	Das Kino wäre billiger als das Theater.
Oui, c'est le cinéma qui serait le moins cher. Allons-y!	Ja, das Kino wäre am billigsten. Laß uns dorthin gehen!

(vii) *Andere Ausdrücke*

Neben Vergleichen mit **plus ... que** und **moins ... que** sind die folgenden ähnlichen Ausdrücke nützlich:

aussi ... que	ebenso ... wie

Notre jardin est *aussi* négligé *que* celui des voisins.	Unser Garten ist *ebenso* vernachlässigt *wie* der der Nachbarn.

pas si (*oder* **pas aussi**) **... que** — nicht so ... wie

Edwige n'est *pas* (*aus*)*si* grande *que* sa sœur.	Edwige ist *nicht so* groß *wie* ihre Schwester.

(viii) Beachten Sie, daß im Gegensatz zum Deutschen, wo der Genitiv folgt, im Französischen **de** auf den Superlativ folgt.

Le magasin le plus cher *de* la rue.	Der teuerste Laden der Straße.

➤ [Mengenangaben mit **plus de** und **moins de** ➤19f.]

In bestimmten Situationen folgt der Konjunktiv auf den Superlativ ➤14e(ii).

➤ [Komparativ und Superlativ von Adverbien ➤24b(iii)].

21 Substantive vertreten: Pronomina

21a Wozu dienen Pronomina?

(i) Gebrauch

Das Wort »Pronomen« bedeutet »für ein Nomen (Substantiv)«, deshalb nennt man sie im Deutschen auch »Fürwörter«. Wir benützen Pronomina ständig anstelle von Substantiven, um eine Wiederholung zu vermeiden.

J'ai un nouveau voisin, Georges Lemaître. *Il* est plombier. Je *l'*ai rencontré pour la première fois quand *lui* et sa femme sont passés nous dire bonjour dimanche dernier. Je *lui* ai prêté ma tondeuse parce que *la sienne* était en panne.	Ich habe einen neuen Nachbarn, Georges Lemaître. *Er* ist Klempner. Ich traf *ihn* zum ersten Mal, als *er* und seine Frau am letzten Sonntag bei uns hereinschauten. Ich habe *ihm* meinen Rasenmäher geliehen, weil *seiner* kaputt gegangen war.

(ii) Formen

Im Französischen leiten alle Pronomina:

- ihr Geschlecht (Maskulinum/Femininum) und Numerus (Singular/Plural) von dem Substantiv ab, auf das sie sich beziehen,
- ihre Form von der Funktion ab, die sie im Satz erfüllen.

(iii) Personalpronomina

Personalpronomina sind die neutralsten Pronomina – sie ersetzen nur Substantive, ohne weitere Informationen hinzuzufügen. Sie können sich auf die sprechende(n) Person(en) beziehen (erste Person), auf die angesprochene(n) Person(en) (zweite Person) oder auf die besprochene(n) Person(en) oder Dinge (dritte Person).

21b Personalpronomina

(i) Subjektpronomina

Die Subjektpronomina sind:

	Singular		*Plural*	
Erste Person	**je**	ich	**nous**	wir
Zweite Person	**tu**	du	**vous**	Sie/ihr
Dritte Person	**il**	er, es	**ils**	sie
	elle	sie, es	**elles**	sie

(ii) Gebrauch

(A) Vor einem Vokal oder stummen **h** wird **je** zu **j'**:

J'habite Douai: j'ai un appartement dans le centre.	Ich wohne in Douai; ich habe eine Wohnung in der Stadtmitte.

(B) **Tu** wird wie im Deutschen zur Anrede von Familienangehörigen, engen Freunden und Kindern gebraucht und ist ein Zeichen von Vertrautheit und Verbundenheit. Junge Leute, vor allem Studenten, nennen ihre Komilitonen in zunehmendem Maße **tu,** ungeachtet dessen, ob sie gut miteinander bekannt sind oder nicht. Entfernte Bekannte oder Fremde werden gewöhnlich mit **vous** angesprochen.

Tu n'as pas froid, Christine?	Es ist dir doch nicht kalt, Christine?
Vous n'avez pas froid, madame?	Es ist Ihnen doch nicht kalt, gnädige Frau? *(Singular, formell)*
Vous n'avez pas froid, mes enfants?	Es ist euch doch nicht kalt, Kinder? *(Plural, informell)*
Vous n'avez pas froid, mesdames?	Es ist Ihnen doch nicht kalt, meine Damen? *(Plural, formell)*

Tu kann absichtlich als Zeichen der Verachtung in Situation angewandt werden, wo man normalerweise **vous** erwarten würde.

(C) **Ils** wird für männliche Substantive im Plural oder eine Kombination von maskulinen und femininen Substantiven verwendet. **Elles** wird für feminine Substantive im Plural gebraucht.

As-tu vu Brigitte et Paul? Oui, *ils* sont partis à la piscine.	Hast du Brigitte und Paul gesehen? Ja, *sie* sind zum Schwimmbad gegangen.
Mais ils ont oublié leurs serviettes. *Elles* sont là sur la table.	Aber sie haben ihre Handtücher vergessen. *Sie* sind hier auf dem Tisch.

(D) Gehen einem Verb zwei Subjektpronomina voraus, so müssen die betonten Formen gebraucht werden [➤21f]:

***Toi* et *moi*, nous allons travailler ensemble.**	*Du* und *ich*, wir werden zusammenarbeiten.
***Vous* et *elle*, vous êtes ensemble?**	Sind *Sie* und *sie* zusammen?

(iii) *Das unbestimme Pronomen* ***on***

Das Subjektpronomen **on** »man« bezeichnet man als das *unbestimmte Pronomen*, da es häufig für allgemeine Aussagen gebraucht wird.

On peut très facilement faire ce genre d'erreur.	Man kann einen Fehler dieser Art sehr leicht machen.

Verwechseln Sie trotz des ähnlichen Klangs **on** nicht mit den folgendermaßen als Zahlwort gebrauchten **un/une:**

Un de mes enfants me l'a dit.	Eines meiner Kinder hat es mir gesagt.

(iv) *Der Gebrauch von* ***on***

Im Französischen wird **on** äußerst häufig verwendet. Es drückt auch das unpersönliche »es« im Deutschen aus. Es wird hauptsächlich gebraucht:

(A) Um das Passiv auszudrücken [➤15 zum Gebrauch des Passivs]:

On m'a recommandé un nouveau restaurant japonais.	Es wurde mir ein neues japanisches Restaurant empfohlen.

(B) In der gesprochenen Sprache ersetzt es häufig **nous:**

Alors, ce soir, on va au restaurant ou on reste à la maison?	Also, gehen wir heute abend in ein Restaurant, oder bleiben wir zuhause?

Wird **on** anstelle von **nous** gebraucht, so gleicht man Adjektive gewöhnlich an das implizite **nous** an (dies ist jedoch nicht obligatorisch):

On est bête(s), toi et moi, d'avoir peur de manger des choses exotiques.	Es ist dumm von uns, dir und mir, davor Angst zu haben, etwas Exotisches zu essen.

(C) An Stellen, wo im Deutschen »man« gebraucht wird:

On dit que les Japonais mangent plus sainement que nous.	Man sagt, die Japaner ernähren sich gesünder als wir.

(D) **Quelqu'un** »jemand« und **n'importe qui** »jeder (beliebige)« werden auch als unbestimmte Pronomina gebraucht:

Quelqu'un a sonné il y a cinq minutes.	Jemand klingelte vor fünf Minuten.
N'importe qui peut pénétrer dans la maison si tu ne fermes pas la porte.	Jeder kann ins Haus eindringen, wenn du die Tür nicht zumachst.

(iv) *Objektpronomina*

Es gibt drei Arten von Objektpronomina: direkte, indirekte und reflexive. Diese drei Arten sind für die erste und zweite Person Singular und Plural identisch. Die dritte Person hat jeweils eine andere Form.

• Die Pronomina für das direkte Objekt sind:

	Singular		***Plural***	
Erste Person	**me**	mich	**nous**	uns
Zweite Person	**te**	dich	**vous**	euch/Sie
Dritte Person	**le**	ihn, es	**les**	sie
	la	sie, es	**les**	sie

• Die Pronomina für das indirekte Objekt sind:

	Singular		***Plural***	
Erste Person	**me**	mir	**nous**	uns
Zweite Person	**te**	dir	**vous**	euch/Ihnen
Dritte Person	**lui**	ihm, ihr	**leur**	ihnen

(v) Reflexivpronomina

Reflexivpronomina sind Objektpronomina, die sich auf das Subjekt des Satzes zurückbeziehen, wie zum Beispiel, wenn Sie sich selbst etwas antun. Sie haben die gleiche Form, egal ob sie Pronomina für das direkte oder indirekte Objekt sind:

	Singular		***Plural***	
Erste Person	**me**	mich/mir	**nous**	uns
Zweite Person	**te**	dich/dir; sich	**vous**	euch/sich
Dritte Person	**se**	sich	**se**	sich

• Häufig entspricht einer Reflexivkonstruktion im Französischen auch eine Reflexivkonstruktion im Deutschen:

Il s'est blessé en jouant au rugby.	Er verletzte sich beim Rugbyspielen.
Je me suis promis de ne pas prendre les mêmes risques.	Ich versprach mir, nie die gleichen Risiken einzugehen.

• Manchmal ist die deutsche Entsprechung jedoch nicht reflexiv, wie zum Beispiel bei:

Elle se ronge les ongles.	Sie kaut ihre Nägel.
Elle s'en va.	Sie geht weg. (**s'en aller** - weggehen)

• Reflexive Formen werden auch im Plural gebraucht, um »(mit)einander« auszudrücken:

Ils ne se parlent plus.	Sie sprechen nicht mehr miteinander.
Les enfants se téléphonent souvent.	Die Kinder rufen einander (sich) oft an.

➤ [Weitere Angaben zu reflexiven Verben ➤8c, 11c].

⚠ Die Pronomina **me, te, le, la, se** werden vor einem Vokal oder einem stummen **h** zu **m', t', l', s'**.

(vi) Die Stellung der Objektpronomina

Bei allen Verbformen außer manchen Imperativen [➤(vii)b, unten] und einigen Anwendungsformen von **faire** und **laisser**

[➤9f] gehen die Objektpronomen dem Verb, dessen Objekt sie sind, direkt voraus:

Je cherche les romans policiers. Où est-ce que je *les* trouverai?	Ich suche Kriminalromane. Wo finde ich *sie*?
Ils sont au premier étage. Vous allez *les* trouver à votre gauche.	Sie sind im ersten Stock. Sie finden *sie* zu Ihrer Linken.

Bei zusammengesetzten Tempora steht das Objektpronomen vor dem Hilfsverb:

Les romans d'Agatha Christie, je *les* ai tous lus ...	Die Romane von Agatha Christie habe ich alle gelesen ...

Bei verneinten Sätzen steht das **ne** vor dem Objektpronomen:

... mais je *ne les* ai pas relus récemment.	... aber ich habe *sie* in der letzten Zeit nicht nochmals gelesen.

(vii) *Die Reihenfolge der Objektpronomina*

(A) Wenn zwei Objektpronomina zusammen auftreten, so haben sie die folgende Reihenfolge:

me				
te	**le**			
se	**la**	**lui**		
nous	**les**	**leur**	**y**	**en**
vous				

Il me la présente.	Er überreicht sie (es) mir.
Je la lui rends.	Ich gebe sie (es) ihm zurück.

(B) Bei Imperativen hängt die Stellung, Form und Reihenfolge der Objektpronomina davon ab, ob der Imperativ bejaht oder verneint ist. Bei negativen Imperativen ist die Stellung, Form und Reihenfolge wie oben in **A** dargestellt:

Ne me l'envoyez pas.	Schicken Sie es mir nicht.

Bei bejahten Imperativen:

- folgen Objektpronomina dem Verb,
- haben Objektpronomina eine andere Reihenfolge,
- haben Objektpronomina in manchen Fällen eine andere Form,
- werden Objektpronomina außer nach **m'** und **t'** mit einem Bindestrich angeschlossen.

	moi, m'		
	toi, t'		
le	**lui**	**y**	**en**
la	**nous**		
les	**vous**		
	leur		

Envoyez-les-lui.	Schicken Sie sie ihm.
Envoyez-m'en.	Schicken Sie mir welche.

21c Das Pronominaladverb y

(i) Y da, dort

Das Pronominaladverb **y** kann jede ortsangebende Präposition wie **à, dans, sur, devant, sous, à côté de** + Substantiv ersetzen. Wenn es auf diese Art gebraucht wird, bedeutet es »dort, da«, wie in den folgenden Beispielen:

– Je vous retrouve devant la station de métro à huit heures? – Oui, j'y serai.	»Soll ich mich um acht Uhr vor der U-Bahnstation wieder mit Ihnen treffen?« – »Ja, ich werde dort sein.«
– J'avais laissé le journal sur cette chaise, mais il n'y est plus.	»Ich habe meine Zeitung auf diesem Stuhl liegengelassen, aber sie ist nicht mehr da.«

*(ii) Y ersetzt **à***

Das Pronominaladverb **y** ersetzt **à,** auch wenn **à** keine Ortsangabe darstellt, wie zum Beispiel in Ausdrücken wie **penser à** »an etwas denken«. In diesem Fall kann **y** sich jedoch nur auf Dinge, nie auf Personen beziehen:

Je pense à mes vacances. J'y pense souvent!	Ich denke an meine Ferien. Ich denke oft an sie!

aber

Je pense à mes parents. Je pense souvent à eux.	Ich denke an meine Eltern. Ich denke oft an sie!

➤ [Weitere Einzelheiten hierzu ➤21f].

(iii) *Y ersetzt **à** + Infinitiv*

Viele französische Verben werden durch **à** mit darauffolgenden Infinitiven verbunden. In diesen Fällen kann **y** den Infinitiv ersetzen, wie die folgenden Beispiele zeigen:

arriver à faire quelque chose	es schaffen, etwas zu tun
renoncer à faire quelque chose	darauf verzichten, etwas zu tun

Après beaucoup d'effort, j'y suis arrivé.	Nach großer Anstrengung habe ich es geschafft.
J'ai renoncé à fumer. J'y renonce au moins une fois par mois.	Ich habe das Rauchen aufgegeben. Ich gebe es mindestens einmal im Monat auf.

(iv) *Stellung*

Die Stellung von **y** unterliegt den Regeln für die Objektpronomina [➤21b(vii)]:

En trouvant nos places, nous nous y sommes installés.	Nachdem wir unsere Plätze gefunden hatten, ließen wir uns nieder.

Beachten Sie die folgenden nützlichen Imperative:

Allez-y, vas-y!	Na, los! *(Allgemeine Ermutigung, Anfeuern)*
Allons-y!	Laß uns gehen! *(Nur wenn man irgendwohin geht)*

21d Das Pronominaladverb en

*(i) **En** ersetzt **de***

Das Pronominaladverb **en** ersetzt **de** (oder eine seiner Formen) + Substantiv. In Anbetracht der vielfältigen Gebrauchsmöglichkeiten von **de** im Französischen deckt **en** eine Reihe von Ausdrücksmöglichen im Deutschen ab.

– As-tu de l'argent allemand pour notre voyage?	»Hast du deutsches Geld für unsere Reise?«
– Oui, j'en ai (j'ai de l'argent).	»Ja. (Ich habe welches.)«
– Tu as donc été à la banque?	»Du warst also auf der Bank?«
– Oui j'en reviens (je reviens de la banque).	»Ja, ich komme gerade von dort zurück.«
– Et est-ce que tu as pris aussi de la monnaie belge?	»Und hast du auch belgisches Geld geholt?«
– Non, je n'en ai pas pris.	»Nein. (Ich habe keines geholt.)«
– Mais je t'en avais parlé hier soir!	»Aber ich habe es dir doch gestern abend gesagt!«

(ii) Mit Mengenangaben

En tritt häufig mit Mengenangaben auf, da auf diese im allgemeinen eine Form von **de** folgt.

– Tu as des problèmes en ce moment?	»Du hast zur Zeit Probleme?«
– Oui, j'en ai trop (j'ai trop de problèmes). J'en ai deux en particulier si tu as le temps de me donner ton opinion.	»Ja, zu viele. Ich habe vor allem zwei, wenn du Zeit hast, mir deine Meinung dazu zu sagen.«

Wie die vorstehenden Beispiele zeigen, wird **en** im Französischen benötigt, wo die deutsche Entsprechung entfällt oder impliziert ist.

(iii) Stellung

Wie **y** unterliegt **en** den gleichen Regeln wie die Objektpronomina [➤21b(vii)]:

Tu lui en as parlé hier?	Hast du gestern mit ihm darüber gesprochen?

Envoyez-nous-en le plus tôt possible.	Senden Sie uns sobald wie möglich welche.

(iv) Wie **y** wird **en** gewöhnlich nur in bezug auf Dinge und nicht für Personen gebraucht:

Mon travail? J'en parle souvent.	Meine Arbeit? Ja, ich spreche häufig darüber.
Ma fille? Je parle souvent d'elle.	Meine Tochter? Ja, ich spreche häufig über sie.

Das Wort **en** wird auch sehr häufig als Präposition gebraucht [➤23b(xiii)].

21e Unpersönliche Pronomina

Das Subjektpronomen **il** und das Objektpronomen **le** werden häufig im Französischen (wie auch im Deutschen) verwendet, um ein unspezifisches »es« auszudrücken.

(i) Der Gebrauch von ***il***

Il wird gebraucht:

- als Subjekt einer Reihe von feststehenden unpersönlichen Verben,
- zur Einleitung von Aussagen über das Wetter, die Zeit usw.
- um das eigentliche Subjekt des Satzes vorwegzunehmen,
- manchmal mit Verben, die nicht immer unpersönlich sind.

(A) **Il** wird als Subjekt feststehender unpersönlicher Verben gebraucht, wie **il y a** »es gibt, es sind«, **il faut** »es ist nötig, man muß« und **il s'agit de** »es handelt sich um«:

Il y a des choses intéressantes à la télévision ce soir?	Gibt es heute abend etwas Interessantes im Fernsehen?
Oui, il faut absolûment qu'on regarde l'entretien avec le ministre de l'éducation.	Ja, wir müssen uns unbedingt das Interview mit dem Kultusminister ansehen.
Il s'agit de la réforme du primaire.	Es geht um die Grundschulreform.

(B) **Il** dient als Einleitung von Bemerkungen über das Wetter, die Zeit usw.:

Il est quelle heure?	Wie spät ist es?
Il est sept heures et demie.	Es ist halb acht.
Tu as regardé la météo? Tu sais quel temps il va faire demain?	Hast du die Wettervorhersage gesehen? Weißt du, wie das Wetter morgen wird?
Apparemment il va pleuvoir: il fait déjà très sombre.	Es wird wahrscheinlich regnen. Es ist schon sehr düster.

(ii) ***Il fait*** *... Das Wetter*

Die folgende Aufstellung von Wetterbeobachtungen illustriert den Gebrauch des unpersönlichen **il:**

Il fait beau.	Es ist schön und sonnig.
Il fait sec.	Es ist trocken.
Il fait sombre/gris.	Es ist trüb.
Il fait du soleil.	Es ist sonnig.
Il fait un temps couvert.	Es ist bedeckt.
Il fait un temps orageux.	Es ist gewittrig.
Il fait lourd.	Es ist schwül.
Il fait du brouillard.	Es ist neblig.
Il fait du vent.	Es ist windig.
Il fait froid.	Es ist kalt.
Il fait chaud.	Es ist warm/heiß.
Il fait doux.	Es ist mild.
Il fait humide.	Es ist naß, feucht.

Beachten Sie auch:

Il fait nuit.	Es ist dunkel (Nacht).
Il fait noir.	Es ist dunkel (z.B. in einem Tunnel).
Il fait jour.	Es ist Tag.
Il fait clair.	Es ist hell (z.B. im Zimmer).
Il pleut.	Es regnet.
Il neige.	Es schneit.
Il grêle.	Es hagelt.
Il gèle.	Es friert.

(iii) Mit **il** wird das tatsächliche Subjekt eines Satzes vorweggenommen, sehr oft im Interesse eines Ausgleichs oder der Betonung:

Alors il sera difficile de faire un pique-nique (faire un pique-nique sera difficile).	Es wird also schwierig, ein Picknick zu machen.
Il reste une heure avant les informations.	Es bleibt noch eine Stunde bis zu den Nachrichten.

(iv) Le, l'

Das Pronomen **le/l'** wird als Objekt oder zur Vervollständigung gebraucht, um auf eine vorangegangene Aussage oder Tatsache Bezug zu nehmen. Meist entspricht es dem Deutschen »es«:

Jacqueline Martin était speakerine mais elle ne l'est plus.	Jacqueline Martin war eine Fernsehansagerin, aber sie ist es nicht mehr.
Mais je te l'ai dit hier.	Ich habe es dir doch gestern gesagt.

21f Freie Pronomina

Die in den vorhergehenden Abschnitten beschriebenen Personalpronomina [➤21b–e] sind im Französischen alle unbetont, das heißt, sie können nicht ohne das Verb oder in einer betonten Stellung gebraucht werden. Wo sie ungebunden, also frei vom Verb oder besonders betont verwendet werden sollen, werden die sogenannten freien oder ungebundenen Pronomina verwendet. Im Deutschen gibt es keine freien Pronomina, hier werden in diesen Fällen die entsprechenden Subjekt- bzw. Objektpronomina gebraucht.

(i) Die freien Pronomina sind:

moi	ich, mich, mir	**nous**	wir, uns
toi	du, Sie, dich, dir, Ihnen	**vous**	ihr, Sie, euch, Ihnen
lui	er, ihn	**eux**	sie, ihnen (Maskulinum oder Maskulinum und Femininum)
elle	sie, ihr	**elles**	sie, ihnen (Femininum)

Darüber hinaus gibt es zusätzlich das freie Pronomen **soi,** das dem Subjektpronomen **on** entspricht [➤21b(iv)].

Freie Pronomina können nur für Personen und nicht für Dinge verwendet werden.

(ii) *Gebrauch*

Typischer Gebrauch:

(A) Freie Pronomina werden gebraucht, wenn das Pronomen alleine steht, oder von einer Form von **c'est** eingeleitet wird:

Qui est responsable?	Wer ist verantwortlich?
Elle (*oder* C'est elle).	Sie.
Vous, ici?	Was machen Sie hier?

(B) Freie Pronomina geben einem Pronomen in der gesprochenen Sprache eine starke Betonung (dabei sollten man nicht vergessen, daß es im Französischen unmöglich ist, Pronomina wie **je** oder **il** besonders betont auszusprechen).

Je ne sais pas, moi.	Ich weiß [das] nicht.
Je ne peux pas les supporter, eux.	Ich kann sie nicht ausstehen.

(C) Freie Pronomina werden nach Präpositionen verwendet, da Präpositionen das nachfolgende Wort ins Schlaglicht stellen:

Viens avec moi.	Komm mit mir.
Tu vois le vieux monsieur en face de nous? C'est chez lui que nous allons prendre l'apéritif demain soir.	Siehst du den alten Herren uns gegenüber? Zu ihm gehen wir morgen abend auf einen Apéritif.

(D) Freie Pronomina werden nach der Präposition **à** verwendet, um ein Besitzverhältnis auszudrücken:

–Ce bouquin est à toi?	Gehört dir dieses Buch?
–Oui, il est à moi.	Ja, es ist meines.

Beachten Sie auch den häufigen Gebrauch von **à** + einem freien Pronomen oder Substantiv, wenn Verantwortung, Verpflichtung oder Rollenerwartung ausgedrückt wird:

C'est à nous de payer.	Wir sind mit dem Bezahlen dran.
C'est à lui de surveiller les travaux.	Er muß die Arbeiten beaufsichtigen.

(E) Freie Pronomina folgen bei Komparativen auf **que:**

Il est plus malin que moi ...	Er ist schlauer als ich ...
... mais moi, je suis plus patient que lui.	... aber ich bin geduldiger als er.

(F) Freie Pronomina werden auch gebraucht, wenn mehr als ein Pronomen das Subjekt oder Objekt eines Verbs ist:

Toi et moi, nous allons travailler ensemble.	Du und ich, wir werden zusammenarbeiten.
Lui et elle, ils sont partis hier.	Er und sie sind gestern abgereist.
Je les ai vus, lui et elle.	Ich habe sie gesehen, ihn und sie.

(G) Freie Pronomina werden mit Wörtern wie **aussi, surtout** und **seul** zur Betonung gebraucht:

Lui seul est resté au bureau.	Er ist alleine im Büro geblieben.
Lui surtout a besoin de repos.	Er vor allen braucht Ruhe.
Moi aussi, je suis fatigué.	Ich bin auch müde.

Die vorstehenden Beispiele zeigen, daß es zwar möglich ist, daß das freie Pronomen für die dritte Person Plural als Subjekt alleine stehen kann, daß aber das freie Pronomen für die erste Person Singular stets von **je** begleitet werden muß.

(H) Freie Pronomina plus **-même(s)** drücken das Deutsche »ich ... selbst« usw. aus

moi-même	ich ... selbst	**nous-mêmes**	wir ... selbst
toi-même	du ... selbst	**vous-même(s)**	ihr/Sie ... selbst
lui-même	er ... selbst	**eux-mêmes**	sie ... selbst
elle-même	sie ... selbst	**elles-mêmes**	sie ... selbst (Femininum)
soi-même	man ... selbst		

J'ai lavé la voiture moi-même.	Ich habe das Auto selbst gewaschen.

Tu m'as vu toi-même.	Du hast mich selbst gesehen.

(l) **Moi** und **toi** werden nach bejahten Imperativen gebraucht [➤21b(vii)]:

Donnez-le-moi!	Gebt/Geben Sie es mir!

21g Interrogativpronomina

(i) Fragewörter werden zur Bildung von Fragen folgender Art gebraucht:

– Qui est ce jeune homme?	»Wer ist der junge Mann?«
– C'est un des copains de Sophie.	»Es ist einer von Sophies Freunden.«
– Que penses-tu de lui?	»Was hältst du von ihm?«
– Il est gentil.	»Er ist nett.«
– J'ai vu l'autre copain de Sophie.	»Ich habe Sophies anderen Freund gesehen.«
– Lequel préfères-tu?	»Welchen magst du lieber?«

⚠ Für die Pronomina **qui** und **que** gibt es im Französischen mehrere Anwendungsmöglichkeiten, deshalb kann man ihren Gebrauch hier besonders leicht mit der Verwendung als Relativpronomina verwechseln [➤21j]. Hier sind einige Beispiele, die den unterschiedlichen Gebrauch illustrieren:

– Le jeune homme qui vient de téléphoner demandait à parler à Sophie.	»Der junge Mann, der gerade angerufen hat, wollte mit Sophie sprechen.« *(Relativpronomen)*
– C'était quel copain?	»Welcher Freund war es?« *(Fragewort)*
– C'est le jeune homme que tu m'as indiqué hier.	»Der junge Mann, den du mir gestern gezeigt hast.« *(Relativpronomen)*
– Quelle réponse dois-je donner s'il rappelle?	»Welche Antwort soll ich ihm geben, wenn er wieder anruft?« *(Fragewort)*

*(ii) Personen **Qui? Qui est-ce qui/que ...?** Wer?*

(A) Wenn es als Subjektpronomen gebraucht wird, bedeutet **qui?** bzw. **qui est-ce qui?** »wer?«

Qui aime rencontrer des gens?	Wer lernt gern Leute kennen?
Qui est-ce qui aime rencontrer des gens?	

Die ausführliche Form ist größtenteils der gesprochenen Sprache vorbehalten.

(B) Wird es als Objektpronomen gebraucht, so bedeutet **qui?** bzw. **qui est-ce que ...?** »wen?« bzw. »wem?«:

Qui rencontrez-vous au cours de votre travail?	Wen lernen Sie im Laufe Ihrer Arbeit kennen?
Qui est-ce que vous rencontrez au cours de votre travail?	

Beachten Sie, daß bei **Qui est-ce que ...?** das **que** vor einem Vokal zu **qu'** abgekürzt wird. **Qui** bleibt unverändert:

Qui est-ce qu'on a invité?	Wen haben wir eingeladen?

(C) Nach einer Präposition lautet das Fragewort **qui** oder **qui est-ce que/qu' ...?**

Avec qui vient-il?	Mit wem kommt er?
Avec qui est-ce qu'il vient?	

Die ausführliche Form ist größtenteils der gesprochenen Sprache vorbehalten.

Il vient avec qui?

Die folgende nützliche Frage ist erwähnenswert:

– A qui est ce chapeau?	»Wem gehört dieser Hut?«
– Il est à moi.	»Mir.«

(iii) *Dinge* ***Que? Qu'est-ce que ...?***

(A) Als Subjektpronomen lautet das einzige Fragewort für »was?« **qu'est-ce qui ...?** Es gibt keine Alternative.

Qu'est-ce qui donne le meilleur résultat?	Was gibt das beste Ergebnis?

(B) Als Objektpronomen bedeuten **que ...?** und **qu'est-ce que ...?** »was?«:

Que fais-tu? **Qu'est-ce que tu fais?**	Was machst du?

In beiden Fällen wird **que ...?** vor einem Vokal zu **qu' ...?** abgekürzt:

Qu'as-tu fait?	Was hast du gemacht?
Qu'est-ce qu'ils ont fait?	Was haben sie gemacht?

(C) Nach einer Präposition bedeutet **quoi?** »was?« oder »wo-?«:

Avec quoi vas-tu écrire?	Womit wirst du schreiben?

(iv) *Fragewörter in der indirekten Rede*

(A) Spricht man von Personen, so lautet das Fragewort in der indirekten Rede [➤5c, 5d] stets **qui:**

Je ne sais pas qui sera là ce soir.	Ich weiß nicht, wer heute abend da sein wird. *(Subjekt)*
J'allais vous demander qui on verra.	Ich wollte Sie fragen, wen wir sehen werden. *(Objekt)*
Je me demande avec qui Louise viendra.	Ich frage mich, mit wem Louise kommt. *(Nach Präposition)*

(B) Spricht man von Dingen, so variiert das Fragewort in der indirekten Rede je nachdem, ob das Pronomen das Subjekt oder Objekt des jeweiligen Satzes ist oder nach einer Präposition steht:

Je ne sais pas ce qui inquiète ma mère.	Ich weiß nicht, was meine Mutter beunruhigt. *(Subjekt von **inquiète**)*
Je lui ai demandé ce qu'elle veut faire.	Ich habe sie gefragt, was sie tun will. *(Objekt von **faire**)*
Tu peux lui demander de quoi elle a peur?	Kannst du sie fragen, wovor sie Angst hat? *(Nach Präposition)*

(v) *Das Fragewort **lequel***

Das Fragewort **lequel?** bedeutet »welche/welches« (für Personen und Dinge). Es besteht aus zwei Wörtern, **le** und **quel,** die entsprechend für das Femininum und den Plural angeglichen werden.

	Singular	*Plural*
Maskulinum	**lequel**	**lesquels**
Femininum	**laquelle**	**lesquelles**

Alors, tu as choisi ta cravate? Laquelle vas-tu mettre?	Also hast du dir eine Krawatte ausgesucht? Welche trägst du?
Moi, je ne sais pas quelles chaussures porter. Lesquelles me vont mieux?	Ich weiß nicht, welche Schuhe ich anziehen soll. Welche stehen mir am besten?

Die gleichen Formen werden in der indirekten Rede gebraucht:

Ne me demande pas lesquelles je préfère – je suis très mauvais juge.	Frage mich nicht, welche ich lieber mag - ich bin ein schlechter Richter.

• **Lequel** wird folgendermaßen mit den Präpositionen **à** und **de** verbunden:

	Singular		*Plural*	
Maskulinum	**auquel**	**duquel**	**auxquels**	**desquels**
Femininum	**à laquelle**	**de laquelle**	**auxquelles**	**desquelles**

Elles sont trois sœurs. Tu parles de laquelle?	Es sind drei Schwestern. Von welcher sprichst du?

➤ [Mehr zum Fragewort **quel** ➤19b; **lequel** als Relativpronomen ➤21j.]

21h Zeigen und hinweisen: die Demonstrativpronomina

Demonstrativpronomina dienen dazu, etwas zu zeigen oder hervorzuheben. Sie entsprechen dem deutschen »das ... da/dieses«, »diese/jene (da)«. Sie werden oft gebraucht, um auszudrücken, ob etwas in der Nähe des Sprechers ist, doch die Entfernung kann manchmal auch eher geistig als körperlich zu verstehen sein.

(i) Formen

Im Französischen gibt es die folgenden Demonstrativpronomina:

	Singular	*Plural*
Maskulinum	**celui**	**ceux**
Femininum	**celle**	**celles**

Diese Formen haben das Geschlecht und den Numerus des zugehörigen Substantivs.

⚠ Die verschiedenen Formen von **celui** können nicht alleine stehen. Sie werden stets von der demonstrativen Nachsilbe (**-ci/-là**), einem Relativpronomen (**qui, que, dont**) oder einer Präposition gefolgt (gewöhnlich **de**).

(ii) Celui-ci, celui-là

Diese Form wird gebraucht, wenn etwas hervorgehoben oder unterschieden werden soll:

Celui-ci coûte moins cher que celui-là.	Dieses kostet mehr als das.
Des deux voitures, je préfère celle-là parce qu'elle a le toit ouvrant.	Von den beiden Autos ziehe ich dieses vor, weil es ein Schiebedach hat.

⚠ **-ci/là** im Französischen haben keine festen Übersetzungen im Deutschen. Von den beiden wird **-là** häufiger gebraucht. Beide Demonstrativpronomina dienen in erster Linie dem Hervorheben und Betonen. Sie können jedoch auch in der Bedeutung »ersterer/erstere/ersteres« bzw. »letzterer/letztere/letzteres« gebraucht werden:

J'avais écrit à mon père et à mon frère.	Ich hatte meinem Vater und meinem Bruder geschrieben.
Celui-ci m'a répondu le premier.	Letzterer hat mir zuerst geantwortet.

• **-ci/-là** können nicht nur an das Pronomen **celui,** sondern auch an Substantive angehängt werden [➤19d]:

Je préfère cette voiture-ci.	Ich ziehe dieses Auto vor.

(iii) ***Celui*** *+ Relativpronomina*

Celui kann von **qui** (Subjekt), **que** (Objekt) oder einer Präposition + **qui/que** gefolgt werden. Vergessen Sie nicht, daß **de + qui** als Relativpronomen durch **dont** ausgedrückt wird [➤21j, Relativpronomina].

Prends une veste – celle que je t'ai sortie.	Nimm eine Jacke - die, die ich für dich herausgelegt habe. *(**que** Objekt von **j'ai sortie**)*
Celle qui est sur le lit?	Die auf dem Bett? *(**que** Subjekt von **est**)*
Oui, celle dont j'ai réparé la poche hier.	Ja, die, deren Tasche ich gestern geflickt habe.

Ceux kann auch bedeuten »alle, die ...«, »jeder ...«

Ceux qui préfèrent aller à la piscine, levez la main!	Alle, die lieber ins Schwimmbad gehen, sollen aufzeigen!
Tous ceux que j'ai rencontrés m'ont dit la même chose.	Alle (Leute), die ich traf, sagten mir dasselbe.

(iv) ***Celui*** *+ Präposition*

In der Mehrzahl der Fälle folgt auf **celui** die Präposition **de:**

J'avais perdu mon parapluie, alors j'ai pris celui de mon mari.	Ich habe meinen Regenschirm verloren, also habe ich den meines Mannes genommen.
J'ai un agenda mais c'est celui de l'an dernier.	Ich habe einen Notizkalender, aber es ist der vom letzten Jahr.

(v) ***Cela, ça, ceci***

Während **celui** in seinen verschiedenen Formen »diese« bzw. »jene« bedeutet, bedeuten die Pronomina **cela, ça** und **ceci** einfach »das« und werden nie in Geschlecht und Numerus verändert, weil sie sich nie auf eine bezeichnete Person oder ein bestimmtes Ding beziehen. **Ça** wird in der Umgangssprache für **cela** gebraucht.

Regarde ceci.	Sieh dir das an.
Cela/ça te semble raisonnable?	Erscheint dir das vernünftig?

Beim Einkauf hört man häufig die folgende Frage:

Et avec ceci?	Darf es sonst noch etwas sein?

Man hört auch die folgende Frage häufig im Gespräch:

Qu'est-ce que c'est que ça/cela?	Was ist das?

Die Frage »Wer ist da(s)?« wird im Französischen mit dem Pronomen **ce** ausgedrückt:

Qui est-ce?	Wer ist das? Wer ist da?

21i Zugehörigkeit: Possessivpronomina

Possessivpronomina sind in gewisser Weise einzigartig, denn sie vertreten zwei verschiedene Substantive gleichzeitig, den Besitzer und den zugehörigen Besitz. Wie die possessiven Bestimmungswörter [➤19h] leiten sie ihre Form vom Besitzer, ihr Geschlecht und ihren Numerus aber vom Besitz ab.
Die Possessivpronomina lauten:

le mien/ la mienne	**les miens/les miennes**	der/die/das meine	die meinen
le tien/ la tienne	**les tiens/les tiennes**	der/die/das deine	die deinen
le sien/ la sienne	**les siens/les siennes**	der/die/das seine/ihre	die seinen, ihren
le nôtre/ la nôtre	**les nôtres**	der/die/das unsere	die unseren
le vôtre/ la vôtre	**les vôtres**	der/die/das eure (Ihre)	die euren (Ihren)
le leur/ la leur	**les leurs**	der/die/das ihre	die ihren

Hier sind einige Anwendungsbeispiele für die Possessivpronomina:

Hélène, tu as nos passeports? Oui, le mien est dans mon sac, et le tien est dans la boîte à gants. J'espère que Paul et Catherine ont pris les leurs. Ne t'inquiète pas, Catherine me disait hier qu'elle venait de renouveler le sien.	Hélène, hast du unsere Pässe? Ja, meiner ist in meiner Handtasche und deiner ist im Handschuhfach. Ich hoffe, daß Paul und Catherine ihre mitgebracht haben. Mach dir keine Sorgen, Catherine hat mir gestern gesagt, daß sie ihren gerade verlängert hat.

⚠ Beim letzten Beispiel dürfen Sie nicht vergessen, daß **le sien** je nach Geschlecht des Besitzers »sein« oder »ihr« bedeuten kann. In diesem Fall bedeutet es »ihren« (Catherines). **Le sien** ist maskulin, weil es für **passeport** steht.

⚠ Wie im Deutschen werden diese Possessivpronomina nicht zum Ausdruck aller Besitzverhältnisse gebraucht. Sie würden **le mien** zum Beispiel nicht in folgenden Fällen benutzen:

C'est à moi.	Es gehört mir.
Un de mes amis m'a téléphoné.	Einer meiner Freunde hat mich angerufen.

Diese Beispiele verdeutlichen, daß **le mien** in erster Linie zur Klarstellung und Betonung der Besitzverhältnisse, z.B. Unterscheidung zwischen »dein« und »mein« usw. gebraucht wird.

21j Relativpronomina

(i) Gebrauch

Durch ein Relativpronomen wird ein Teil des Satzes auf das Substantiv zurückbezogen. Das Substantiv wird als *Bezugswort* und der durch ein Relativpronomen eingeleitete Nebensatz als *Relativsatz* bezeichnet:

Ce soir-là, le repas que Michèle avait préparé était exceptionnel.	An diesem Abend war das Essen, das Michèle zubereitet hatte, ganz ausgezeichnet.

Im vorstehenden Beispiel lautet der Relativsatz **que Michèle avait préparé,** und seine Funktion besteht darin, mehr Information zu **le repas** zu geben. In diesem Fall ist **que** das Relativpronomen (das Objekt von **avait préparé**).

(ii) ***Qui/que***

Wenn es als Relativpronomen gebraucht wird, ist **qui** das Subjekt des von ihm eingeleiteten Nebensatzes, während **que** das direkte Objekt ist:

La lettre qui est sur la table est de mes parents.	Der Brief, der auf dem Tisch liegt, ist von meinen Eltern. *(**qui** Subjekt von **est**)*
La lettre que vous avez écrite est dans le journal.	Der Brief, den Sie geschrieben haben, ist in der Zeitung. *(**que** Objekt von **avez écrite**)*
La femme qui habite cet appartement est russe.	Die Frau, die in dieser Wohnung wohnt, ist Russin. *(**qui** Subjekt von **habite**)*
Ce n'est pas la femme que je cherche.	Das ist nicht die Frau, die ich suche. *(**que** Objekt von **cherche**)*

(iii) *Präposition +* ***qui/lequel***

Nach Präpositionen steht **qui** für Personen und **lequel** für Dinge:

La dame avec qui je parlais est ma voisine.	Die Dame, mit der ich sprach, ist meine Nachbarin.
Le magasin devant lequel nous avons rendez-vous est tout près du restaurant.	Der Laden, vor dem wir uns verabredet haben, ist in der Nähe des Restaurants.

• Beachten Sie hier, daß sich **lequel** zu **laquelle, lesquels, lesquelles** verändert, je nach Numerus und Geschlecht des Substantivs, auf das es sich bezieht. Diese Formen werden auch mit der Präposition **à** zur Bildung von **auquel, à laquelle, auxquels, auxquelles** verbunden:

La lettre *à laquelle* je fais allusion ...	Der Brief, *auf den* ich mich beziehe ...

Wenn **à** jedoch als Ortsangabe dient, so wird **où** anstelle von **auquel** gebraucht:

Le restaurant *où* nous allons ...	Das Restaurant, *in das* wir gehen ...

• Auch **de** kann mit **lequel** zur Bildung von **duquel, de laquelle, desquels** und **desquelles** verwendet werden. Diese Form wird in erster Linie zur Verbindung mit Ausdrücken wie **à côté de ...** »neben«; **près de ...** »nahe bei«; **au lieu de ...** »anstelle von« herangezogen:

La voiture à côté de laquelle on était stationné ...	Das Auto, neben dem wir geparkt hatten ...

Das Pronomen **dont** entspricht **de** + Relativpronomen **qui:**

Voilà le professeur dont je te parlais.	Da ist der Lehrer, von dem ich dir erzählt habe.
C'est le professeur dont la fille est dans la même classe que Sophie.	Das ist der Lehrer, dessen Tochter in der gleichen Klasse wie Sophie ist.

Bei der Relativkonstruktion »dessen/deren + Substantiv« entfällt im Deutschen der Artikel. Im Französischen ist der Artikel jedoch unbedingt erforderlich.

Obgleich **dont** nur zur Bezugnahme auf Personen verwendet werden soll, nimmt man damit heutzutage auch lieber auf Dinge Bezug als mit **duquel,** außer wenn es auf eine Präposition folgt:

La maison *dont* il est propriétaire est en banlieue.	Das Haus, *dessen* Besitzer er ist, liegt in der Vorstadt.

Aber

Voilà la maison dans le jardin *de laquelle* on a trouvé les objets volés.	Da ist das Haus, in *dessen* Garten man die gestohlenen Gegenstände fand.

(iv) Ce qui, ce que

Die Relativpronomina **qui** und **que** werden mit **ce** verbunden, um »(das,) was« auszudrücken:

Il m'a expliqué *ce qu'*il veut faire.	Er hat mir erklärt, *was* er tun will. (**ce qu'** ist das Objekt von **il veut faire**)
Je ne sais pas *ce qui* me pousse à le faire.	Ich weiß nicht, *was* mich dazu treibt, es zu tun. (**ce qui** ist das Subjekt von **pousse**)

• In der gesprochenen Sprache trifft man die Konstruktion **ce qui/que …, c'est …** äußerst häufig an. Sie ist sehr nützlich:

***Ce qui* m'intéresse, c'est l'escalade.**	*Was* mich interessiert, ist Klettern.

Et moi, *ce que* j'aime, c'est dormir!	Und *was* ich liebe, ist zu schlafen!

• **Ce qui** und **ce que** müssen auf **tout** »alles« folgen:

***Tout ce qu'*elle a dit est vrai.**	*Alles, was* sie gesagt hat, ist wahr.
Il m'a appris *tout ce que* je voulais savoir.	Er lehrte mich *alles, was* ich wissen wollte.

22 Gefühle ausdrücken: Ausrufe und Zwischenrufe

22a Ausrufe

Ausrufe drücken Gefühle wie Freude, Wut, Überraschung und Angst aus. Die gebräuchlichen Ausrufe werden von Wörtern eingeleitet, die normalerweise als Fragewörter gebraucht werden. Daher sind sie in ihrer Wortwahl ziemlich frei.

• Vor Substantiven wird gewöhnlich **quel** gebraucht:

Quelle catastrophe!	Wie schrecklich!
Quel beau spectacle!	Was für ein Schauspiel!
Quel bruit!	Was für ein Lärm!
Quels voisins!	Was für Nachbarn!

• Vor Adjektiven oder Adverbien wird **que** oder in der Umgangssprache auch **qu'est-ce que** verwendet:

Que c'est cher!	Wie teuer das ist!
Qu'est-ce qu'il est bête!	Wie dumm er ist!

• **Quoi?** und **Comment?** dienen zum Ausdruck von Überraschung/Ungläubigkeit:

Quoi? Tu lui as prêté ta voiture? Ça alors!	Was? Du hast ihm dein Auto geliehen? Na, sowas!

Es gibt natürlich im Französischen genausoviele feststehende und starke Ausrufe wie in allen anderen Sprachen. In diesem Abschnitt haben wir uns nur die gebräuchlichen Formulierungen angesehen, die man bedenkenlos verwenden kann.

22b Zwischenrufe

Zwischenrufe sind Wörter oder kurze Redewendungen, die im Prinzip verkürzte Ausrufe und Gefühlsäußerungen sind.

SUBSTANTIVE UND REDEWENDUNGEN

Hein?	Bedeutet, daß Sie etwas nochmals hören möchten oder nicht verstanden haben.
Aïe!	Aua!
Ah!	Drückt Erleichterung, Resignation, Hoffnungslosigkeit und Ermüdung aus.
Atchoum!	Niesen. Darauf lautet die Antwort im Französischen: **A tes souhaits!** oder weniger förmlich – **A tes amours!**

E

WIE MAN BEDEUTUNGEN VERBINDET UND VERÄNDERT: PRÄPOSITIONEN UND ADVERBIALE BESTIMMUNGEN

23 Präpositionen und ihr Gebrauch

23a *Was ist eine Präposition?*

(i) Eine Präposition ist ein Bindewort, das vor ein Substantiv oder ein Pronomen gestellt wird, um es mit dem Rest des Satzes zu verbinden. Hier sind einige Beispiele:

Je vais partir *après* le petit déjeuner.	Ich gehe *nach* dem Frühstück.
Je prends l'avion *à* Orly.	Ich fliege *von* Orly ab.
Je voyage *avec* un collègue.	Ich reise *mit* einem Kollegen.
Je passerai le chercher *chez* lui *vers* dix heures.	Ich hole ihn *gegen* zehn Uhr *von* zuhause ab.

(ii) Präpositionale Ausdrücke

Präpositionen wie **de** und **à** werden im Französischen zur Bildung von präpositionalen Ausdrücken gebraucht, die Funktionen von Adjektiven, Adverbien oder Relativsätzen [➤3c] haben:

Elle portait un chapeau *de paille*.	Sie trug einen *Stroh*hut.
Les voitures avançaient *au pas*.	Die Autos bewegten sich *im Gehtempo*.
Le jeune homme *aux cheveux longs*, comment s'appelle-t-il?	Dieser junge Mann *mit den langen Haaren*, wie heißt er?

(iii) Präpositionen + Verb

Präpositionen stehen vor Verben, die in diesen Fällen fast immer im Infinitiv sind:

Je n'ai pas téléphoné *pour* réserver nos places.	Ich habe nicht angerufen, *um* unsere Plätze zu reservieren.
On peut presque toujours avoir des places *sans* réserver.	Man findet fast immer Platz *ohne* zu reservieren.

Nur die Präposition **en** wird von einer anderen Verbform als dem Infinitiv gefolgt, in diesem Fall dem Partizip Präsens [➤10b(ii)]:

En **arrivant, nous prendrons un taxi pour aller aux bureaux de notre client.**	*Bei* der Ankunft nehmen wir ein Taxi zum Büro unseres Klienten.

(iv) *Verben + Präpositionen; Adjektive, Adverbien, Substantive + Präpositionen*

A, de und **pour** werden nach bestimmten Verben häufig als feste Bindewörter gebraucht [➤8f]:

J'essaie toujours ***de*** **voir mes clients chez eux.**	Ich versuche, meine Klienten stets bei sich zu besuchen.
Je ne réussis pas toujours ***à*** **le faire.**	Es gelingt mir nicht immer.
Elle attend ***pour*** **traverser.**	Sie wartet darauf, die Straße zu überqueren.

Ebenso nach bestimmten Adjekten, Adverbien und Substantiven:

Je suis content ***de*** **te voir.**	Es freut mich, dich zu sehen. *(Adjektiv* ***content*** *+* ***de****)*
Je ne suis pas prêt ***à*** **partir.**	Ich bin nicht fertig zum Gehen. *(Adjektiv* ***prêt*** *+* ***à****)*
J'ai trop ***à*** **faire ...**	Ich habe zuviel zu tun ... *(Adverb* ***trop*** *+* ***à****)*
... et je n'ai pas le temps ***de*** **m'organiser.**	... und ich habe keine Zeit, alles zu organisieren. *(Substantiv* ***le temps*** *+* ***de****)*

23b Häufig verwendete Präpositionen und ihr Gebrauch

Da Präpositionen auf viele verschiedene Arten und in den verschiedenen Sprachen mit unterschiedlichen Bedeutungen und Konstruktionen gebraucht werden, lernt man sie am besten im Zusammenhang, das heißt in Verbindung mit bestimmten Ausdrücken, festen Redewendungen oder vorgeschriebenen

Regeln. Die folgende alphabetische Aufstellung illustriert die Anwendungen und Bedeutungen der am häufigsten verwendeten Präpositionen und präpositionalen Ausdrücke:

(i) ***A, au, aux*** *[➤19c]*

• Ziel, Ort, Richtung, Position (zu, an, in, auf, nach):

à la gare	zum/am Bahnhof
au guichet	zum/am Fahrkartenschalter
à gauche, à droite	nach links/rechts
à Strasbourg	nach/in Strasbourg *(**à** vor Städtenamen)*
au Mexique	nach/in Mexiko (**au/aux** vor Ländern Maskulinum/Plural, aber **en** vor Ländern im Femininum [➤23b(xiii)])
à la cuisine	in die/der Küche
au mur	an die/der Mauer
à la télévision	im Fernsehen
à la page 2	auf Seite 2
au chapitre 3	in Kapitel 3
à cheval sur	rittlings sitzend auf
au soleil, à l'ombre	in der Sonne, im Schatten

• Zeit, Preis, Entfernung, Geschwindigkeit (um, in, von, bis, pro):

à sept heures	um sieben Uhr
à minuit	um Mitternacht
du jour au lendemain	von einem Tag zum anderen
au mois de juin	im Juni *(aber **en juin**)*
au début du siècle	am Anfang des Jahrhunderts
au printemps	im Frühling *(aber andere Jahreszeiten mit **en**)*
à dix francs le kilo	zu zehn Francs das Kilo
à cinq kilomètres	fünf Kilometer entfernt
à cent kilomètres à l'heure	mit hundert Stundenkilometern
Ça se vend au litre.	Es wird pro Liter verkauft.

➤ [Mehr zu Zahlen ➤25; mehr zu Datum und Jahreszeiten ➤28.]

• Methode, Art und Weise, Verwendung (zu, durch, auf, von, mit)

chauffer au gaz, à l'électricité	mit Gas, elektrisch heizen
fait à la main	handgemacht
à pied, à cheval, à bicyclette	zu Fuß, zu Pferd, mit dem Fahrrad

à voix haute/basse	mit lauter/leiser Stimme
au gril, au micro-onde	auf dem Grill, in der Mikrowelle
poulet aux petits pois	Huhn mit Erbsen
à la sauce madère	mit Madeira-Soße
une table à repasser	ein Bügelbrett

• Weitere Angaben oder Eigenschaften:

l'homme à la barbe blanche	der Mann mit dem weißen Bart
un piano à queue	ein Flügel (Klavier)
la maison aux volets verts	das Haus mit den grünen Läden

• Mit einer kleinen Anzahl an Verben, die im Französischen von einem indirekten Objekt begleitet werden:

acheter à	kaufen von

➤ [Vollständige Ausfstellung ➤8e(i)]

(ii) ***A côté de*** *»neben«*

Elle était assise à côté de son père.	Sie saß neben ihrem Vater.

Und auch:

du côté de ...	aus der Richtung ...

Le bruit venait du côté de la chambre.	Der Lärm kam aus der Richtung des Schlafzimmers.

(iii) ***Après*** *»nach«*

après le repas	nach dem Essen
après six heures	nach sechs Uhr
à gauche après le cinéma	links nach dem Kino
après avoir mangé	nach dem Essen *(Beachten Sie hier den Infinitiv Perfekt im Französischen im Gegensatz zum Substantiv im Deutschen.)*
d'après	gemäß, laut

D'après les journaux, ils vont divorcer.	Laut den Zeitungen lassen sie sich scheiden.

(iv) *Au dessus de (über)*

au dessus du lit	über dem Bett
au dessus de nos têtes	über unseren Köpfen
au dessus de 100 francs	über hundert Francs

➤ [Mehr zu **sur** ➤23b(xx); mehr zu **au dessous de** »unter« ➤23b(xix) **sous.**]

(v) ***Au lieu de*** *»anstelle von, anstatt«*

Au lieu d'abandonner son projet, il a recruté d'autres enthousiastes.	Anstatt sein Projekt aufzugeben, rekrutierte er andere Enthusiasten.

(vi) ***Avant*** *»vor « (Zeitangabe, Reihenfolge)*

avant l'orage	vor dem Sturm
avant les autres	vor den anderen
à droite avant la poste	rechts vor dem Postamt
avant de payer/partir, etc.	vor dem Zahlen/Gehen usw.

(vii) ***Avec*** *»mit«*

Je vais avec vous.	Ich gehe mit Ihnen.
Je le sers avec du riz.	Ich serviere es mit Reis.

➤ [Andere Entsprechungen von »mit« ➤23b(i).]

(viii) ***Chez***

- Bei jemandem:

Elle vient de chez les Dumont.	Sie kommt von den Dumonts.
Elle est maintenant chez le boucher.	Sie ist jetzt beim Fleischer.
Après, elle passe chez le pharmacien.	Danach geht sie beim Apotheker vorbei.

- Im Fall von:

Chez Jean-Paul on n'est jamais sûr.	Bei Jean-Paul kann man nie sicher sein.

(ix) Dans

• In (Ort, Quelle):

dans l'église	in die/der Kirche
dans ce programme	in diesem Programm
dans mon journal	in meiner Zeitung
dans le nord	im Norden

J'ai pris une chemise dans l'armoire.	Ich habe ein Hemd aus dem Schrank genommen.

➤ [»in« bei Ländern und Regionen ➤23b(xi).]

• In (Zeit):

Le film commence dans cinq minutes.	Der Film beginnt in fünf Minuten.

⚠ **Dans** + Zeitangabe bedeutet »nach«. Im obigen Beispiel beginnt der Film nachdem fünf Minuten verstrichen sind, d.h. in fünf Minuten. **En** + Zeitangabe bedeutet, daß man etwas innerhalb der angegebenen Zeit ausführt:

Nous ferons la descente en une heure.	Wir werden den Abstieg in einer Stunde beenden.

*(x) **De** [und auch **du, des** ➤19d]*

• Besitz/Definition:

le frère de Marie	Maries Bruder
le coin du jardin	die Ecke des Gartens
le chemin du village	der Weg ins Dorf
le train de Paris	der Zug nach Paris
les vacances de mi-trimestre	die Ferien in der Mitte des Trimesters
le Jour de l'An	Neujahrstag

• **Nach Mengenangaben:**

beaucoup de lettres	viele Briefe
une paire de gants	ein Paar Handschuhe
une douzaine de bouteilles	ein Dutzend Flaschen
un verre d'eau	ein Glas Wasser
trop de sommeil	zuviel Schlaf

• Aus (von):

Il vient d'Espagne/du Canada/des Antilles.	Er kommt aus Spanien/Kanada/den Antillen.

➤ [Angaben zu anderen Präpositionen in Verbindung mit Ländernamen ➤23b **(i)**, **(ii)**.]

du matin au soir	von morgens bis abends
Le livre est différent du film.	Das Buch unterscheidet sich vom Film.
Il est originaire de Marseille.	Er stammt aus Marseille.

• Art und Weise: auf, in, mit:

d'une façon désagréable	auf unangenehme Weise
d'une voix douce	mit sanfter Stimme
d'une manière bizarre	auf eigenartige Weise
d'un air méfiant	mit einem mißtrauischen Aussehen

• Mit, von:

couvert de boue	mit Schlamm bedeckt
entouré de maisons	von Häusern umgeben
peuplé d'oiseaux	von Vögeln bevölkert
rempli de chiffres	mit Zahlen ausgefüllt
inondé de demandes	mit Bitten überflutet
accablé de chaleur	von Hitze niedergedrückt

• Nach **quelqu'un, quelque chose, rien, personne** usw.:

quelqu'un d'important	jemand Wichtiges
quelque chose de joli	etwas Hübsches
rien de grave	nichts Ernstes
personne de ma connaissance	niemand, den ich kenne

➤ [**de** als Bindewort zwischen Verb und Infinitiv ➤8f; für **de** nach Superlativen ➤20h.]

(xi) Depuis

• Seit:

Il n'a pas mangé depuis hier.	Er hat seit gestern nichts gegessen.
Il dort depuis deux heures.	Er schläft seit zwei Stunden.

➤ [Zur Tempusfolge nach **depuis** ➤12a(**iv**).]

• Von (örtlich):

Depuis ma fenêtre je vois les Alpes.	Von meinem Fenster aus sehe ich die Alpen.

(xii) *Devant »vor«; derrière »hinter«*

Devant dient der Ortsangabe und nicht der Darstellung der Reihenfolge [➤23b(vi)]:

On s'est donné rendez-vous devant le cinéma.	Wir haben uns vor dem Kino verabredet.
Devant moi le panorama était sensationnel.	Der Blick vor mir war sensationell.
Les enfants sont installés devant la télévision.	Die Kinder haben es sich vor dem Fernseher gemütlich gemacht.
Il y a un robinet derrière le garage.	Hinter der Garage ist ein Wasserhahn.

(xiii) *En*

En erfüllt im Französischen eine Reihe von präpositionalen Funktionen, zusammen mit anderen Allzweckworten wie **à, de** und **pour.** Die korrekte Wahl unter diesen Präpositionen zu treffen, ist oft schwer. Am besten lernt man die feststehenden Ausdrücke und Redewendungen.

Eine ziemlich häufige Übersetzungsmöglichkeit für **en** ist »in« (Zeitangabe), im Gegensatz zu **dans,** das in erster Linie eine Orts- oder Zielangabe ausdrückt [➤23b(ix)]. Es erscheint jedoch häufig in feststehenden Redewendungen, wo es keine eigene Bedeutung hat.

• In (Zeitangabe):

en janvier, février, etc.	im Januar, Februar usw. (aber **au mois de janvier**, usw.)

en été, en automne, en hiver	im Sommer, Herbst, Winter (aber **au printemps** ➤23b(i))
en 1995/ en l'an 1995	1995/im Jahr 1995
en début de matinée	zu Beginn des Vormittags
en fin d'après-midi	am Ende des Nachmittags
en deux minutes	in (innerhalb) zwei Minuten (aber ➤23b(vii) **dans**)
en ce moment	zur Zeit

➤ [Zeitangaben, Datum, Jahreszeiten ➤26, 28.]

• Sprachen:

en russe, espagnol, japonais, etc.	auf/ins Russisch(e), Spanisch(e), Japanisch(e) usw.
de français en allemand	aus dem Französischen ins Deutsche

• Länder:

En bedeutet »nach, in« vor Ländernamen, Regionen und Kontinenten, wenn diese Substantive im Femininum Singular sind (was bei den meisten der Fall ist ➤18d):

Nous partons en Espagne.	Wir reisen nach Spanien ab.
Nous avons une villa en Catalogne.	Wir haben eine Villa in Katalonien.

Bei Ländernamen usw. im Maskulinum (oder Femininum Plural) wird **au, aux** gebraucht:

Nous partons aux Etats-Unis.	Wir reisen in die Vereinigten Staaten ab.
Nous avons beaucoup d'amis en Amérique du nord.	Wir haben viele Freunde in Nordamerika.

⚠ Mit den Bezeichnungen der französischen **Départements** und mit durch die Himmelsrichtungen bezeichneten Regionen wird jedoch **dans** verwendet:

Je travaille dans la Nièvre.	Ich arbeite in der Nièvre. (Ein Département in der Mitte Frankreichs)

Il y a beaucoup de chômage dans l'est.	Es gibt viel Arbeitslosigkeit im Osten.

• Transport:

➤ [auch **à**, ➤23b(**i**) und **par**, ➤23b(xv).]

en voiture/en auto	mit dem Auto
en moto	mit dem Motorrad
en vélo	mit dem Fahrrad
en avion	mit dem Flugzeug
en train	mit dem Zug

• Form, Farbe, Material:

un vol de canards en V	eine Entenschar in V-Formation
un pull en rose clair	ein hellrosa Pullover
un fauteuil en chêne	ein Eichensessel

• Vor einem Verb:

Im Unterschied zu den meisten Präpositionen, auf die ein Infinitiv folgt, folgt auf **en** stets das Partizip Präsens:

en attendant mon train ...	während ich auf meinen Zug warte(te) ...
en arrivant chez moi ...	als ich nach Hause kam/beim Nachhausekommen ...
en roulant très vite ...	durch sehr schnelles Fahren ...

➤ [➤10b(**ii**) für weitere Angaben zu **en** + Partizip Präsens.]

(xiv) Envers ➤vers

(xv) Par

Obleich **par** im Grunde »durch« bedeutet, wird es im Französischen auf viele verschiedene Arten eingesetzt und hat damit unterschiedliche Übersetzungsmöglichkeiten.

• Nach dem Passiv [➤15]:

Elle a été convaincue par son père.	Sie wurde von ihrem Vater überzeugt.

• Nach **commencer** und **finir:**

Elle a commencé par nous féliciter.	Sie begann damit, uns zu gratulieren.
Nous avons fini par la croire.	Wir glaubten ihr am Ende.

➤ [**Commencer** und **finir** mit **à** oder **de** ➤8f.]

• Durch, über, auf:

Man kann **par le train, par avion** und **par le métro** anstelle von **en train, en avion, en métro** sagen.

par l'autoroute	auf der Autobahn
par le chemin le plus court	auf dem kürzesten Weg
par la N 183	auf der/über die N183
par Nantes	über Nantes
par la fenêtre/la porte, etc.	durch das Fenster/die Tür usw.

• Pro:

une fois par jour	einmal pro Tag (einmal täglich)
50 francs par personne	50 Francs pro Kopf

aber

dix pour cent	zehn Prozent

➤ [Preise, Gewichte und Maße ➤19c(**iv**).]

• Auch folgende Ausdrücke sind sehr nützlich:

par politesse	aus Höflichkeit
par terre	auf dem/den Boden
par un beau jour d'été	an einem schönen Sommertag

(xvi) Pendant

• Während:

Pendant notre séjour nous allons faire du ski.	Während unseres Aufenthalts werden wir skifahren.
L'accident est arrivé pendant la nuit.	Der Unfall passierte in der Nacht.

• Lang:

J'ai souffert pendant un mois.	Ich litt einen Monat lang.

(xvii) *Pour* »*für*«

Pour hat im Deutschen eine Reihe von verschiedenen Übersetzungsmöglichkeiten:

Voilà un cadeau pour toi.	Hier ist ein Geschenk für dich.
Je travaille pour un groupe international.	Ich arbeite für eine internationale Gruppe.
Il faut être là pour trois heures.	Wir müssen drei Stunden lang da (hier) sein.
Je vais en France pour trois semaines.	Ich fahre drei Wochen nach Frankreich.
J'en ai pour une demi-heure.	Ich brauche eine halbe Stunde.

• **Pour** + Infinitiv:

Pour bietet sich zur Verbindung eines Hauptverbs mit einem folgenden Infinitiv an, wenn man »um .. zu/mit der Absicht ...« ausdrücken möchte:

Je reste ici pour surveiller les enfants.	Ich bleibe hier, um die Kinder zu beaufsichtigen.

Eine Absicht wird jedoch häufig ohne **pour** ausgedrückt, vor allem, wenn es sich um Verben der Bewegung handelt:

Nous sommes allés le chercher à la gare.	Wir haben ihn vom Bahnhof abgeholt.

Pour wird auch mit dem Infinitiv Perfekt gebraucht:

Je l'ai remercié pour avoir donné son temps.	Ich dankte ihm dafür, daß er seine Zeit aufgewandt hatte.
Je lui en veux pour avoir abandonné ses enfants.	Ich nehme es ihm übel, daß er seine Kinder verlassen hat.

⚠ **Attendre** »warten (auf)« kann Deutschen besondere Schwierigkeiten bereiten, da es nicht von einer Präposition, sondern von dem direkten Objekt gefolgt wird:

Elle attend le bus.	Sie wartet auf den Bus.

Pour ist auch nicht erforderlich, wenn angegeben wird, wie lange man wartet:

Elle attend dix minutes.	Sie wartet zehn Minuten (lang).

Folgt jedoch ein Infinitiv auf **elle attend,** in der Bedeutung »darauf warten, etwas zu tun«, so muß **pour** verwendet werden:

Elle attend pour traverser.	Sie wartet darauf, die Straße zu überqueren.

(xviii) ***Près de*** *»in der Nähe von, nahe«*

Elle a un appartement près de la gare.	Sie hat eine Wohnung in der Nähe des Bahnhofs.

(xix) ***Sous*** *»unter«*

sous les ponts de Paris ...	unter den Brücken von Paris ...
sous peine de mort	unter Todesdrohung
sous l'influence de son mari	unter dem Einfluß ihres Mannes
sous la pluie	im Regen

Beachten Sie auch **au dessous de** »darunter, unter«:

Au dessous de la moquette il y a des vieux journaux.	Unter dem Teppich sind alte Zeitungen.
Je ne vends pas cette maison au dessous de trois cent mille francs.	Ich verkaufe dieses Haus nicht unter dreihunderttausend Francs.

(xx) ***Sur***

• Auf (Ortsangabe):

➤ [➤23b**(i)** **à** in der Bedeutung »auf«.]

sur le buffet	auf das/dem Buffet
l'un(e) sur l'autre	einer auf dem anderen
les un(e)s sur les autres	aufeinander
sur votre gauche	zu eurer/Ihrer Linken
J'ai dix francs sur moi.	Ich habe zehn Francs dabei.

• Andere Anwendungsmöglichkeiten:

Je l'ai lu sur mon journal.	Ich habe es in der Zeitung gelesen.
La clé est sur la porte.	Der Schlüssel steckt in der Tür.
Un jardin de trente mètres sur dix.	Ein Garten von dreißig mal zehn Meter.
On m'a donné dix sur vingt.	Man hat mir zehn auf zwanzig gegeben.
J'étais sur le point d'accepter.	Ich hätte beinahe angenommen.

➤ [➤23b**(iv)** mehr zu **au dessus de**.]

(xxi) *Vers, envers*

• Ort, Zeit: **vers:**

Il allait vers la piscine.	Er ging aufs Schwimmbad zu.
C'était vers neuf heures du soir.	Es war gegen neun Uhr abends.
On était vers la fin du programme.	Wir waren fast am Ende des Programms.

• Gegenüber (Haltung usw.): **envers:**

Son attitude envers moi est désagréable.	Seine Haltung mir gegenüber ist unangenehm.

24 Adverbiale Bestimmungen

24a Was sind adverbiale Bestimmungen?

(i) Adverbiale Bestimmungen sind Wörter oder Wortgruppen, die die Bedeutung von Verben, Adjektiven oder anderen Adverbien verändern. Adverbiale Bestimmungen können ein einziges Wort, ein Ausdruck oder sogar ein kompletter Nebensatz mit eigenem Verb sein:

Il va commencer son discours.	Er beginnt seine Rede.
Il va commencer son discours *immédiatement*.	Er beginnt *gleich* seine Rede. *(gleich = Adverb)*
Il va commencer son discours *dans quelques secondes*.	Er beginnt seine Rede *in ein paar Sekunden. (in ein paar Sekunden = adverbiale Bestimmung)*
Il va commencer son discours *quand je lui ferai signe*.	Er beginnt seine Rede, *wenn ich ihm das Zeichen gebe. (wenn ich ihm das Zeichen gebe = adverbialer Nebensatz)*

Jede dieser drei adverbialen Bestimmungen erfüllt die gleiche Funktion: sie alle fügen **il va commencer** weitere Information hinzu, in diesem Fall über den Zeitpunkt der Handlung. Das Wort **immédiatement** ist ein Adverb, die gleiche Funktion kann jedoch auch eine adverbiale Bestimmung erfüllen.

➤ [Unterschied zwischen einem Ausdruck und einem Nebensatz ➤4e.]

(ii) *Adverb + Adjektiv/Adverb*

Adverbien können nicht nur wie im vorstehenden Beispiel Verben näher bestimmen, sondern auch Adjektive und andere Adverbien:

Le toit est complètement neuf.	Das Dach ist völlig neu. *(**Complètement** bestimmt **neuf** näher.)*
Le toit est presque complètement neuf.	Das Dach ist fast völlig neu. *(**Presque** bestimmt **complètement** näher.)*

24b Bildung von Adverbien

(i) *Von Adjektiven abgeleitete Adverbien*

Die Mehrzahl der Adverbien wird im Französischen von Adjektiven abgeleitet, indem **-ment** an das Femininum Singular des Adjektivs angehängt wird:

Adjektiv	*Femininum*	*Adverb*	
complet	**complète**	**complètement**	völlig
froid	**froide**	**froidement**	kühl, kalt
sec	**sèche**	**sèchement**	trocken
heureux	**heureuse**	**heureusement**	glücklich(erweise)

• Bei manchen auf Vokal endenden Adjektiven wird das Verb vom Maskulinum abgeleitet:

vrai	**vraiment**
poli	**poliment**

• Bei den auf **-ant** oder **-ent** endenden Adjektiven wird zur Bildung des Adverbs **-amment, -emment** angehängt:

prudent	**prudemment**	vorsichtig
récent	**récemment**	kürzlich
constant	**constamment**	ständig
courant	**couramment**	gegenwärtig

Die einzige wichtige Ausnahme ist **lent, lentement** »langsam«.

• Bei manchen Adjektiven wird das abschließende **-e** des Femininums zur Bildung des Adverbs in ein **-é** verwandelt, um die Betonung widerzuspiegeln:

Adjektiv	*Femininum*	*Adverb*	
aveugle	**aveugle**	**aveuglément**	blind
commun	**commune**	**communément**	gemeinsam
confus	**confuse**	**confusément**	verworren, durcheinander
énorme	**énorme**	**énormément**	enorm, riesig
intense	**intense**	**intensément**	intensiv
précis	**précise**	**précisément**	genau
profond	**profonde**	**profondément**	tief

• Einige Adverbien werden von den zugehörigen Adjektiven auf völlig unregelmäßige Art abgeleitet:

bon	**bien**	gut
bref	**brièvement**	kurz

gentil	**gentiment**	nett, freundlich
mauvais	**mal**	schlecht
meilleur	**mieux**	besser, am besten
moindre	**moins**	weniger, am wenigsten
petit	**peu**	etwas

• Von einer kleinen Anzahl von Adjektiven wird kein Adverb abgeleitet. Dazu gehören **content** »zufrieden«, **charmant** »charmant« und **fâché** »verärgert«. Im Gegensatz zum Deutschen, wo Adjektive und Adverbien die gleiche Form und unterschiedliche Funktion haben können, wird in diesen Fällen im Französischen das Adverb durch eine adverbiale Bestimmung ausgedrückt:

Elle m'a souri d'un air très content.	Sie lächelte mich sehr zufrieden an.

Vite »schnell« existiert nur als Adverb.

• Adjektive werden in einer Reihe feststehender Redewendungen als Adverbien gebraucht:

parler bas/fort/haut	leise/laut sprechen
coûter/payer cher	viel kosten/zahlen (teuer)
couper court	abbrechen
travailler dur	hart arbeiten
sonner faux	falsch klingen
chanter faux	falsch singen
refuser net	rundweg ablehnen

Beachten Sie auch, daß **soudain** »plötzlich« als Adjektiv und (häufiger) auch als Adverb gebraucht wird.

(ii) *Nicht von Adjektiven abgeleitete Adverbien*

Viele der am häufigsten gebrauchten Adverbien, vor allem jene, die die Fragen »Wann?« und »Wo?« beantworten, werden nicht von Adjektiven abgeleitet. Dazu gehören kurze Wörter wie **ici** »hier«, **là** »dort«, **bientôt** »bald«, **déjà** »schon«, **ainsi** »so«, **dedans** »darin«. In vielen Fällen werden häufig verwendete Wörter je nach Funktion und Bedeutung im Satzgefüge als Adverbien, Präpositionen und/oder Bindewörter gebraucht:

J'ai dormi après le repas.	Ich habe nach dem Essen geschlafen. *(**après** ist eine Präposition.)*
J'ai travaillé après.	Ich habe danach gearbeitet. *(**après** ist ein Adverb.)*

(iii) *Steigerung der Adverbien*

Der Komparativ und Superlativ von Adverbien wird im Französischen ähnlich gebildet wie der der Adjektive [➤20h], durch den Gebrauch von **plus ..., le plus ..., moins ..., le moins ...:**

Adverb	*Komparativ*	*Superlativ*
fréquemment	**plus fréquemment**	**le plus fréquemment**
häufig	häufiger	am häufigsten
	moins fréquemment	**le moins fréquemment**
	weniger häufig	am seltensten

Da Adverbien im Unterschied zu Adjektiven nicht an das zugehörige Wort angepaßt werden, lautet der Artikel beim Superlativ **le plus ...** stets **le,** nie **la** oder **les** wie bei den Adjektiven.

• Wie bei den Adjektiven hat eine kleine Anzahl von Adverbien einen unregelmäßigen Komparativ und Superlativ:

bien	gut	**mieux**	besser	**le mieux**	am besten

Moi je ne chante pas bien. Ma femme chante mieux que moi, mais dans la famille c'est ma fille qui chante le mieux.	Ich singe nicht gut. Meine Frau singt besser als ich, aber in unserer Familie singt meine Tochter am besten.

beaucoup	viel	**plus**	mehr	**le plus**	am meisten

Qui voyage le plus, Philippe ou Claudine? Je sais qu'ils se déplacent beaucoup tous les deux, mais il faut aussi que je sache si Philippe voyage plus que sa collègue.	Wer reist am meisten, Philippe oder Claudine? Ich weiß, daß sie beide sehr viel unterwegs sind, aber ich muß auch wissen, ob Philippe mehr reist als seine Kollegin.

Beachten Sie, daß bei **plus** das **-s** am Ende ausgesprochen wird, wenn es alleine als Adverb gebraucht wird. Das **-s** wird ebenfalls ausgesprochen, wenn **plus** »Plus (+)« bedeutet.

Ce soir nous serons cinq, plus les trois enfants.	Wir sind fünf heute abend, plus die drei Kinder.

peu	wenig
moins	weniger
le moins	am wenigsten

Diese Steigerungsformen werden genauso verwendet wie **plus** im vorstehenden Beispiel.

• Das Adverb für **pire** »schlechter« (der Komparativ von **mauvais** ➤20h) lautet **pis,** wird jedoch außer in feststehenden Redewendungen wie **tant pis!** »schade!« nur selten verwendet.

24c *Die Stellung der Adverbien*

(i) Verb + Adjektive/Adverb

Wenn ein Adverb ein Adjektiv oder anderes Adverb verändert, geht es diesem unmittelbar voraus.

totalement faux	völlig falsch
très souvent	sehr oft
tout près	ganz nahe

(ii) Verb + Adverb

Wenn es ein Verb verändert, so folgt das Adverb gewöhnlich unmittelbar auf das zugehörige Verb.

Elle *conduit prudemment* la voiture de son mari.	Sie *fährt* das Auto ihres Mannes *vorsichtig.*
Elle *conduit souvent* en ville.	Sie *fährt oft* in die Stadt.

(iii) Zusammengesetzte Tempora

Bei zusammengesetzten Tempora folgt das Adverb gewöhnlich dem Partizip Perfekt:

Nous avons trouvé facilement l'adresse.	Wir haben die Adresse leicht gefunden.

Eine Reihe von häufig verwendeten Adverbien wie **bien, beaucoup, trop, peu, souvent, bientôt, déjà** stehen jedoch nach dem Hilfsverb:

J'ai déjà vu ce film.	Ich habe diesen Film schon gesehen.
Il m'a beaucoup plu.	Er hat mir sehr gut gefallen.

25 Die Verneinung

Die folgenden Wörter drücken im Französischen eine Verneinung aus:

pas	nicht
jamais	nie, niemals
rien	nichts
personne	niemand, keiner
nulle part	nirgends, nirgendwo
nul	kein
nullement	überhaupt nicht, keinesfalls
ni ... ni	weder ... noch
plus	nicht mehr
aucun	kein, keiner
guère	fast nicht, kaum

25a Die Verneinung von Verben

(i) *Ne + Verneinung*

Verben werden durch einen der in der vorstehenden Liste aufgeführten Ausdrücke zusammen mit dem Wort **ne** verneint. **Ne** wird dabei vor das Verb und jegliche Objektpronomina [➤21b(v)] gestellt.

Je ne serai pas là ce soir.	Ich bin heute abend nicht da.
Ils ne m'invitent jamais en semaine – ils savent que je suis souvent en déplacement.	Sie laden mich nie an einem Wochentag ein - sie wissen, daß ich oft unterwegs bin.

(ii) *Die Verneinung bei zusammengesetzten Zeiten*

Bei zusammengesetzten Zeiten folgen die Verneinungswörter **pas, jamais, rien, guère** gewöhnlich dem Hilfsverb:

Nous n'avons *pas* fixé les dates de nos vacances.	Wir haben das Datum für unsere Ferien noch *nicht* festgelegt.
Nous n'avons *rien* décidé pour cette année.	Wir haben dieses Jahr noch *nichts* entschieden.

Moi, je n'ai *guère* eu le temps d'y penser ...	Ich hatte *kaum* Zeit, daran zu denken ...
... et mon mari n'a *jamais* été si occupé.	... und mein Mann war noch *nie* so beschäftigt.

- **Personne** und **nulle part** folgen bei zusammengesetzten Zeiten normalerweise dem Partizip Perferkt.

Je n'ai rencontré *personne* dans la rue.	Ich traf *niemanden* auf der Straße.
Je n'ai vu *nulle part* les dégâts dont on m'avait parlé.	Ich sah *nirgends* den Schaden, von dem man mir erzählt hatte.

Im Französischen ist die doppelte Verneinung in den meisten Fällen völlig korrekt, abgesehen davon, daß **pas** nie zusammen mit anderen Verneinungswörtern gebraucht wird.

Il n'y a *jamais personne* à cette heure-ci.	Um diese Zeit ist *nie jemand* hier. *(Wortwörtlich: niemals niemand)*

(iii) *Verneinungswörter als Subjekt des Verbs*

Die Verneinungswörter **personne** und **rien** können das Subjekt des Verbs darstellen.

J'ai sonné, mais *personne* n'est venu.	Ich klingelte, aber *niemand* kam.
***Rien* ne bougeait derrière la porte.**	*Nichts* rührte sich hinter der Tür.

Nach Verben, deren Subjekt bereits verneint ist, entfällt **pas.** Siehe unten auch **ni** und **aucun.**

(iv) *Ni*

Ni dient meist der Verbindung von mehreren verneinten Wörtern.

Il ne parle *ni* français *ni* espagnol.	Er spricht *weder* Französisch *noch* Spanisch.

In Anbetracht dessen, daß **ni ... ni ...** alle Pronomina betont, die sonst in den normalen Objekt- oder Subjektformen auftreten würden, müssen hier die freien, betonten Formen verwendet werden [Freie Pronomina ➤21f].

Ni *lui* ni sa femme ne sont catholiques.	Weder *er* noch seine Frau sind katholisch. *(Beachten Sie, daß das Verb nach **ni ... ni ...** im allgemeinen im Plural steht)*
Je ne reconnaîtrais ni *elle* ni sa fille.	Ich würde weder *sie* noch ihre Tochter erkennen.

Bei der Verbindung von Verben sollte **ne** wiederholt werden:

Il *ne* téléphone ni *n'*écrit.	Er schreibt weder, noch ruft er an.

⚠ Wenn im Deutschen »auch nicht« alleine steht, so entspricht das im Französischen **non plus:**

Tu n'as pas vu mon parapluie? Moi non plus.	Du hast meinen Regenschirm nicht gesehen? Ich auch nicht.

(v) *Ne ... plus*

Ne ... plus kann in bezug auf Zeitbegriffe verwendet werden:

Il *ne* souffre *plus* de maux de tête.	Er leidet *nicht mehr* unter Kopfschmerzen.

oder bei Mengenangaben:

–Tu *n'*as *plus* de cigarettes? **–Non, je *n'*en ai *plus*.**	»Hast du *keine* Zigaretten *mehr*?« »Nein, ich habe *keine mehr*.«

➤ [➤25a**(iv) non plus**.]

(vi) *Aucun*

Aucun kann als Adjektiv oder Pronomen eingesetzt werden. Die weibliche Form lautet **aucune:**

***Aucun* candidat ne s'est présenté.**	*Kein* Kandidat stellte sich vor.
***Aucun* ne s'est présenté.**	*Keiner* stellte sich vor.
Je n'ai *aucune* idée ...	Ich habe *keine* Idee ...

(vii) ***Nullement***

Nullement »überhaupt nicht« wird hauptsächlich zur Qualifizierung von Adjektiven oder Adverbien eines Satzes gebraucht:

Il n'est *nullement* nécessaire de changer les règles.	Es ist *keinesfalls* nötig, die Regeln zu ändern.

(viii) *Die Verneinung von Infinitiven*

Bei der Verneinung von Infinitiven werden manche Verneinungswörter (**pas, jamais, rien, plus**) zusammen mit **ne** unmittelbar vor den Infinitiv gestellt:

Je lui ai dit de *ne pas* me cacher la vérité.	Ich sagte ihr, sie solle mir die Wahrheit *nicht* verheimlichen.
Elle m'a demandé de *ne jamais* révéler son secret à ma famille.	Sie bat mich, meiner Familie ihr Geheimnis *nie* zu verraten.
On nous a conseillé de *ne rien* payer avant de recevoir les billets.	Es wurde uns geraten, *nichts* zu zahlen, bis wir die Karten erhalten.
On risquerait de *ne plus* revoir notre argent.	Wir würden riskieren, unser Geld *nie* wiederzusehen.

Wenn **rien** und **jamais** jedoch mit dem Infinitiv Perfekt gebraucht werden, können sie den Infinitiv der Hilfsverben **avoir** oder **être** einfassen oder zusammen vorausgestellt werden. Im zweiten Fall sind sie stärker betont.

Je suis sûr de *n'*avoir *rien* payé. **Je suis sûr de *ne rien* avoir payé.**	Ich bin sicher, daß ich *nichts* gezahlt habe.

Andere Verneinungswörter wie **personne, nul, nulle part, aucun, ni** werden dem Infinitiv nachgestellt:

Elle a décidé de ne parler à personne.	Sie hat beschlossen, mit niemandem zu sprechen.

25b Nicht auf Verben bezogene Verneinungen

(i) Non, pas

Mit **non** und **pas** werden die auf sie folgenden Ausdrücke verneint. **Pas** ist in der Alltagssprache meist die Norm, während **non** eher in der Schriftsprache und in feststehenden Redewendungen gebraucht wird:

– Range tes affaires dans le placard, *pas* par terre!	»Räume deine Sachen im Schrank auf, *nicht* auf dem Boden!«
Non seulement la police mais aussi le public est responsable.	*Nicht* nur die Polizei, sondern auch die Öffentlichkeit ist verantwortlich.

Non pas kann zusätzliche Betonung verleihen:

Cette peinture est bleue et *non pas* grise.	Diese Farbe ist *eher* blau als grau.

(ii) *Andere Verneinungswörter*

• **Jamais, personne** und **rien** stehen häufig alleine, und oft wird der Rest des Satzes nur angedeutet:

–Il y a beaucoup de monde sur le quai? –Non, *personne*.	»Sind viele Leute auf dem Bahnsteig? Nein, *niemand*.«
–Que se passe-t-il? –*Rien* de grave, j'espère.	»Was geht hier vor? *Nichts* Ernstes, hoffe ich.«
–Tu vois souvent tes cousins? Non, *jamais*.	»Siehst du deine Cousins oft? Nein, *nie*.«

Jamais kann je nach Zusammenhang dem Deutschen »nie(mals)« oder »je(mals)« entsprechen:

–*Jamais* devant les enfants!	»*Nie* vor den Kindern!«

–Est-ce que vous avez *jamais* travaillé à l'étranger?	»Haben Sie *je* im Ausland gearbeitet?«

• **Sans** »ohne«:

Verneinungswörter wie **jamais, rien, personne, aucun, plus** werden nach **sans** oft vor einem Infinitiv gebraucht:

sans jamais	ohne je	**sans aucun**	ohne irgendein
sans rien	ohne etwas	**sans plus**	ohne mehr
sans personne	ohne jemanden		

Je passe tous les jours devant chez eux *sans jamais* les voir.	Ich gehe jeden Tag bei ihnen vorbei und sehe sie nie. (*ohne* sie *je* zu sehen)
***Sans aucune* trace ...**	Spurlos ... (*ohne jede* Spur)

25c Die Verneinung in der gesprochenen Sprache

In der gesprochenen Sprache ist es gebräuchlich (obgleich strenggenommen nicht korrekt), daß vor allem mit den Formen des Verbs für **je** und **tu** und bei **c'est** bei Verneinungen **ne** weggelassen wird:

–Je t'entends pas!	»Ich kann dich nicht hören!«
–J'ai pas le souvenir d'avoir payé.	»Ich erinnere mich nicht, gezahlt zu haben.«
–C'est pas possible!	»Das ist nicht möglich!«

25d Der Gebrauch von ne nicht als Verneinung

(i) Ne ... que

Bei dieser häufig verwendeten Konstruktion, die dem Deutschen »nur« oder »erst« entspricht, muß man beachten, daß **que** dem Wort, auf das es sich bezieht, unmittelbar vorausgehen muß.

Je *ne* vois *qu'*une erreur.	Ich sehe *nur* einen Fehler.

• Folgt ein Personalpronomen auf **que,** so muß dieses in der freien, betonten Form gebraucht werden [Freie Personalpronomina ➤21f]:

Je *n'*ai parlé *qu'*à elle.	Ich habe *nur* mit ihr gesprochen.

• **Ne … que** wird zwar meist vor Substantiven und Pronomina gebraucht, kann aber auch in der Konstruktion **ne faire que** + Infinitiv mit Verben auftreten. In diesem Fall entspricht es dem Deutschen »nichts als, nur«.

Il *ne* fait *que* se plaindre. **–Je *n'*ai fait *que* rire!**	Er beklagt sich *nur*. Ich habe *nur* gelacht!

• **Ne … que** selbst kann auch verneint werden:

Il n'y a pas qu'un seul moyen de le faire.	Es gibt mehr als eine Art, es zu tun.

*(ii) Der nicht verneinte Gebrauch von **ne***

In den folgenden Ausdrücken mit dem Konjunktiv erscheint **ne** ohne Verneinung:

• Nach Verben und Ausdrücken der Furcht:

J'ai peur qu'ils *n'*arrivent avant nous.	Ich fürchte, sie werden vor uns ankommen.

•Nach **avant que** »bevor« und **à moins que** »außer«:

Nous sortirons, à moins qu'il *ne* pleuve.	Wir gehen aus, außer es regnet.

Dabei ist erwähnenswert, daß diese Ausdrücke eher der formellen Sprache entstammen. Der vorstehende Satz würde in der Alltagssprache sehr wahrscheinlich folgendermaßen formuliert:

Nous sortirons s'il ne pleut pas.	Wir gehen aus, wenn es nicht regnet.

➤ [Der Gebrauch des Konjunktivs ➤14.]

25e Si nach verneinten Fragen

Si ist eine Alternative zu **oui** für »ja«. Es ist stark betont und wird nur gebraucht, wenn man eine verneinte Aussage berichtigen oder ihr widersprechen möchte:

– Tu n'as pas vu le programme?	»Hast du das Programm nicht gesehen?«
– Si, si.	»Doch, doch.«
– Vous n'avez pas payé.	»Sie haben nicht gezahlt.«
– Mais si!	»Aber doch!«

F

DER GEBRAUCH DER ZAHLEN

26 Zahlwörter

26a Zählen: die Grundzahlen

Die Grundzahlen im Französischen sind:

0	zéro	
1	un, une	*siehe Anmerkung (i)*
2	deux	
3	trois	
4	quatre	
5	cinq	*siehe Anmerkung (vii)*
6	six	*siehe Anmerkung (vi)*
7	sept	
8	huit	*siehe Anmerkungen (vii) und (ix)*
9	neuf	
10	dix	*siehe Anmerkung (vi)*
11	onze	*siehe Anmerkung (ix)*
12	douze	
13	treize	
14	quatorze	
15	quinze	
16	seize	
17	dix-sept	
18	dix-huit	*siehe Anmerkung (vi)*
19	dix-neuf	
20	vingt	*siehe Anmerkung (viii)*
21	vingt et un(e)	*siehe Anmerkungen (i) und (viii)*
22	vingt-deux	*siehe Anmerkung (viii)*
23	vingt-trois	*siehe Anmerkung (viii)*
24	vingt-quatre	*siehe Anmerkung (viii)*
30	trente	
31	trente et un(e)	*siehe Anmerkung (i)*
32	trente-deux	
40	quarante	
50	cinquante	
60	soixante	
70	soixante-dix	*siehe Anmerkungen (iii) und (vi)*
71	soixante et onze	
72	soixante-douze	
73	soixante-treize	

74	soixante-quatorze	
75	soixante-quinze	
76	soixante-seize	
77	soixante-dix-sept	
78	soixante-dix-huit	
79	soixante-dix-neuf	
80	quatre-vingts	*siehe Anmerkung (iii)*
81	quatre-vingt-un(e)	*siehe Anmerkungen (i) und (ii)*
82	quatre-vingt-deux	
90	quatre-vingt-dix	*siehe Anmerkungen (iii) und (vi)*
91	quatre-vingt-onze	
100	cent	
101	cent un(e)	*siehe Anmerkung (i)*
102	cent deux	
200	deux cents	*siehe Anmerkung (ii)*
201	deux cent un(e)	*siehe Anmerkungen (i) und (ii)*
202	deux cent deux	*siehe Anmerkung (ii)*
300	trois cents	
1000	mille	
1001	mille un(e)	*siehe Anmerkung (i)*
1002	mille deux	
2000	deux mille	
1 000 000	un million	*siehe Anmerkung (v)*
1 500 000	un million cinq cent mille	
2 000 000	deux millions	
1 000 000 000	un milliard	*siehe Anmerkung (v)*
1 000 000 000 000	un billion	*siehe Anmerkung (v)*

(i) **Un** wird vor einem weiblichen Substantiv zu **une:**

Vingt et une adresses.	Einundzwanzig Adressen.

(ii) Wenn sie von einer anderen Zahl gefolgt werden, wird kein **-s** an den Plural von **vingt** und **cent** angehängt:

quatre-vingts hommes	*aber*	**quatre-vingt-cinq hommes**
deux cents francs	*aber*	**deux cent cinquante francs**

(iii) 70, 80 und 90 heißen in der Schweiz und Kanada **septante, octante** (in der Schweiz: **huitante**) und **nonante.** In Belgien werden **septante** und **nonante,** jedoch nicht **octante** gebraucht.

(iv) An **mille** wird nur dann ein **-s** angehängt, wenn es »Meile« bedeutet:

trois mille	drei tausend
trois milles	drei Meilen

(v) **Un million** »Million«, **un milliard** »Milliarde« und **un billion** »Billion« sind Substantive. Wenn sie nicht von anderen Zahlen begleitet werden, werden sie von **de** gefolgt:

un million de réfugiés	ein Million Flüchtlinge
un milliard de dollars	eine Billion Dollar

Werden sie von anderen Zahlen gefolgt, so wird **de** weggelassen:

Un million cinq cent mille habitants.	Eine Million fünfhunderttausend Einwohner.

(vi) Das **-x** am Ende von **six** und **dix** (alleine oder in anderen Zahlen)

• wird vor einem Konsonaten nicht ausgesprochen:

vingt-six litres

• Wird vor einem Vokal oder stummen **h** stimmhaft ausgesprochen:

dix enfants **six hommes**

• wird wie **-s** ausgesprochen, wenn es alleine oder als Zahl steht oder besonders betont wird:

Le six a gagné – le six!	Nummer sechs ist der Gewinner - Nummer sechs!
Ils arrivent le dix.	Sie kommen am zehnten an.
Page vingt-six.	Seite sechsundzwanzig.

(vii) Der Endkonsonant von **cinq** und **huit** wird ausgesprochen, wenn das Wort alleine steht oder betont wird (und natürlich vor einem Vokal oder stummen **h**), wird aber vor einem Konsonanten nicht ausgesprochen.

Ils habitent au quarante-cinq/huit.	Sie wohnen in Nummer 45/48. *(-q bzw. -t wird ausgesprochen)*
Ce cognac coûte cinq/huit Mark de plus en Allemagne.	Dieser Kognak kostet in Deutschland fünf/acht Mark mehr. *(-q bzw. -t wird nicht ausgesprochen)*

(viii) Das **-t** am Ende von **vingt** wird nur bei den Zahlen 21 bis 29 ausgesprochen.

(ix) Wenn der bestimmte Artikel **le** vor **huit** oder **onze** verwendet wird, wird er nicht zu **l'** abgekürzt.

Leur maison, c'est le huit, le neuf, le dix ou le onze?	Ist ihr Haus Nummer 8, 9, 10 oder 11?

26b *Ungefähre Zahlenangabe*

(i) Grundzahl + ***-aine***

Die meisten ungefähren Zahlenangaben werden im Französischen dadurch gebildet, daß **-aine** an die Grundzahl angehängt wird. Dazu wird das **-e** am Ende der Grundzahl weggelassen.

une dizaine	etwa zehn *(beachten Sie die geringe Änderung der Schreibweise)*
une douzaine	ein Dutzend
une quinzaine	etwa fünfzehn
une quinzaine de jours	etwa zwei Wochen
une vingtaine	etwa zwanzig
une trentaine	etwa dreißig
une quarantaine	etwa vierzig
une cinquantaine	etwa fünfzig
une soixantaine	etwa sechzig

Für 70, 80 oder 90 gibt es im Französischen keine ungefähren Zahlen.

une centaine	etwa hundert
un millier	etwa tausend

(ii) ***Une trentaine de,*** *usw. ...*

Ungefähre Zahlen sind Substantive (alle weiblich außer **un millier**) und werden wie andere ähnliche Mengenangaben mit **de** an die folgenden Wörter angeschlossen:

Elle avait une trentaine d'années.	Sie war etwa dreißig.
Des centaines de maisons ont été inondées.	Hunderte von Häusern wurden überflutet.
Je l'ai vu il y a une quinzaine de jours.	Ich sah ihn vor etwa zwei Wochen.

26c In eine Reihenfolge bringen: die Ordnungszahlen

(i) *Bildung*

Die Ordnungszahlen werden durch Anhängen von **-ième** an die Grundzahlen gebildet:

le septième ciel	der siebte Himmel
le dixième commandement	das zehnte Gebot
son vingt et unième anniversaire	sein/ihr einundzwanzigster Geburtstag

Wenn die Grundzahl auf **-e** endet, so wird dieses vor dem Anhängen von **-ième** weggelassen:

la quinzième fois	das fünfzehnte Mal

• Die einzige wichtige Ausnahme ist **premier, première** »erster/e/es«. Beachten Sie, daß **premier** nicht gebraucht wird, wenn es Teil einer anderen Zahl wie 21., 101. usw. ist.

le cent unième dalmatien	der hunderterste Dalmatiner

Vergessen Sie nicht, daß die Schreibweise von **cinquième** und **neuvième** im Vergleich zu ihrer Form als Grundzahl etwas verändert ist.

• **Second** (Femininum **seconde**) bedeutet auch »zweiter/e/es«, doch dieser Gebrauch beschränkt sich auf Fälle, wo »zweiter« einem »ersten« gegenübergestellt wird und nicht wo es sich z.B. auf das Zweite in einer Reihe von Dingen bezieht.

Je voyage toujours en seconde (en seconde classe).	Ich reise immer zweiter Klasse.

(ii) Der Gebrauch der Ordnungszahlen

Ordnungszahlen werden im Französischen nicht für Datumsangaben verwendet [➤28c], mit Ausnahme von **premier:**

le premier octobre	der erste Oktober
le deux octobre	der zweite Oktober
le vingt et un octobre etc.	der einundzwanzigste Oktober usw.

Sie werden auch nicht zur Bezeichnung von Königen u.ä. gebraucht (auch wieder mit Ausnahme von **premier**).

(le roi) Louis quatorze	(König) Ludwig der Vierzehnte
Henry Ford deux	Henry Ford der Zweite
François premier	(König) Franz der Erste

In einer Reihe von gebräuchlichen Formulierungen kann das Substantiv, auf das sich die Ordnungszahl bezieht, weggelassen werden, zum Beispiel:

Ils habitent au quinzième (au quinzième étage).	Sie wohnen im fünfzehnten Stock.
Leur appartement est dans le seizième (dans le seizième arrondissement).	Ihre Wohnung ist im 16. Bezirk. *(Paris ist in Bezirke –* ***arrondissements*** *– aufgeteilt.)*
Leur fils est en sixième (en sixième classe) .	Ihr Sohn ist in der sechsten (Klasse).

Wird eine Grundzahl mit **premier** oder **dernier** gebraucht, so kommt – in umgekehrter Reihenfolge zum Deutschen – erst die Grundzahl.

Les cinq derniers jours du mois.	Die letzten fünf Tage des Monats.
Les six premiers candidats.	Die ersten sechs Kandidaten.

➤ [**Premier** wird auch als Superlativ gebraucht ➤14e**(ii)**.]

26d Teilen: die Bruchzahlen

Die am häufigsten verwendeten Bruchzahlen sind:

un/le quart	ein Viertel
(les) trois quarts	drei Viertel
un/le tiers	ein Drittel
(les) deux tiers	zwei Drittel
un demi	ein halber (eine halbe, ein halbes)
la moitié	die Hälfte

Alle anderen Bruchzahlen werden mit Grundzahlen gebildet:

un/le huitième	ein Achtel
(les) trois cinquièmes	drei Fünftel

Demi gibt es als Substantiv und Adjektiv. Als Substantiv wird es nur als mathematischer Ausdruck gebraucht. Als Adjektiv erscheint es auf zwei Arten:

• Als unveränderliches Adjektiv vor einem Substantiv, verbunden mit einem Bindestrich:

une demi-bouteille	eine halbe Flasche
une demi-heure	eine halbe Stunde

• Nach einem Substantiv wird es mit **et** angeschlossen, in diesem Fall wird **demi** dem Substantiv angeglichen:

une bouteille et demie	eineinhalb Flaschen
une heure et demie	eineinhalb Stunden
un litre et demi	eineinhalb Liter

La moitié drückt im allgemeinen »die Hälfte« aus, wenn keine exakte Zeit- oder Mengenangabe gemacht wird:

J'ai passé la moitié du temps à lire.	Ich brachte die Hälfte der Zeit mit Lesen zu.

Folgt ein Substantiv auf eine Bruchzahl, so werden beide mit **de** verbunden. Geht dem Substantiv ein bestimmter Artikel oder ein possessives bzw. demonstratives Bestimmungswort voraus, so wird auch die Bruchzahl von einem bestimmten Artikel begleitet:

un quart de litre	ein Viertelliter

aber

les trois quarts de la ville	drei Viertel der Stadt
les deux tiers de ma fortune	zwei Drittel meines Vermögens
les quatre cinquièmes de cette somme	vier Fünftel dieser Summe

27 Die Uhrzeit

Die Standardfrage lautet **Quelle heure est-il?** oder **Vous auriez l'heure, s'il vous plaît?**

Wie im Deutschen gibt es zwei Arten zur Angabe der Uhrzeit, einmal die traditionell gebräuchlichere und zum anderen die exakte, offiziellere. Beide werden häufig gebraucht und nachstehend beschrieben.

27a Die traditionelle Art

Il est une heure.	Es ist ein Uhr.
Il est deux heures.	Es ist zwei Uhr.
Il est trois heures, etc.	Es ist drei Uhr usw.
Il est quatre heures un quart. }	Es ist Viertel nach vier.
Il est quatre heures et quart. }	
Il est quatre heures vingt.	Es ist zwanzig nach vier.
Il est quatre heures et demie.	Es ist halb fünf.
Il est cinq heures moins le quart.	Es ist Viertel vor fünf.
Il est cinq heures moins une.	Es ist eine Minute vor fünf.

Minuit »zwölf Uhr, Mitternacht« und **midi** »zwölf Uhr mittags« werden genauso behandelt, außer daß sie als maskuline Substantive von **demi** und nicht **demie** zur Angabe der halben Stunden gefolgt werden:

Le programme termine à midi et demi.	Das Programm endet um halb eins.

27b Die offizielle Art

Bei dieser Art werden einige der traditionellen Merkmale beibehalten:

Il est trois heures.	Es ist drei Uhr.
Il est trois heures vingt.	Es ist drei Uhr zwanzig.

Wörter wie **quart** und **demi** werden jedoch durch Zahlenangaben ersetzt, und alle Zahlen beziehen sich auf die vorhergegangene Stunde:

Neuf heures	**quinze**	**9h15**
Neuf heures	**trente**	**9h30**
Neuf heures	**quarante-cinq**	**9h45**
Neuf heures	**cinquante-cinq**	**9h55**

Bei der Abkürzung in der Schriftsprache werden die Zeitangaben anders als im Deutschen dargestellt: **h** steht für **heures,** somit entspricht **9h15** »9.15 Uhr«.

• Wo eine klare Unterscheidung zwischen Tag und Nacht gemacht werden soll, werden **du matin, de l'après-midi, du soir** gebraucht:

On m'a réveillé à trois heures du matin.	Ich wurde um drei Uhr morgens geweckt.

• Folgende Zeitangaben sind nützlich:

Fermé de 12h15 à 14h30.	Von 12.15 bis 14.30 geschlossen.
Le supermarché est ouvert jusqu'à 19h30.	Der Supermarkt ist bis 19.30 Uhr geöffnet.
Venez vers 8 heures.	Kommen Sie gegen acht Uhr.
C'est l'heure!	Es ist Zeit! *(Zum Beispiel, zum Zug zu gehen)*
Quelle heure as-tu?	Wie spät hast du es?

28 Der Kalender

28a Die Wochentage

lundi	Montag	**vendredi**	Freitag
mardi	Dienstag	**samedi**	Samstag
mercredi	Mittwoch	**dimanche**	Sonntag
jeudi	Donnerstag		

• Die Wochentage sind stets maskulin. Die Einbeziehung des Artikels verändert die Bedeutung:

Je travaille lundi.	Ich arbeite am Montag.
Je travaille le lundi.	Ich arbeite montags.

• Beachten Sie auch:

aujourd'hui	heute
hier	gestern
avant-hier	vorgestern
demain	morgen
après-demain	übermorgen
la veille	der vorhergehende Tag
le lendemain	der folgende, nächste Tag

All diese Ausdrücke sowie die Wochentage können mit den Tageszeiten **matin, après-midi** und **soir** verbunden werden:

Ils ont été cambriolés samedi soir.	Es wurde Samstagnacht bei ihnen eingebrochen.
Le lendemain matin ils ont trouvé une vitre cassée.	Am nächsten Morgen fanden sie eine zerbrochene Fensterscheibe.

Cette nuit bedeutet im allgemeinen »letzte Nacht«, kann aber auch »heute nacht« bedeuten.

Je n'ai pas dormi du tout cette nuit.	Ich habe letzte Nacht überhaupt nicht geschlafen.

Je vais dormir à l'hôtel cette nuit.	Ich werde heute nacht in einem Hotel übernachten.

»Heute abend« ist **ce soir**:

Nous allons au cinéma ce soir.	Wir gehen heute abend ins Kino.

28b Monate und Jahreszeiten

janvier	Januar	**novembre**	November
février	Februar	**décembre**	Dezember
mars	März	**le printemps**	Frühling
avril	April	**l'été**	Sommer
mai	Mai	**l'automne**	Herbst
juin	Juni	**l'hiver**	Winter
juillet	Juli	**en janvier** }	im Januar
août	August	**au mois de janvier** }	
septembre	September	**fin janvier**	Ende Januar
octobre	Oktober	**début février**	Anfang Februar

En hiver, en été, en automne, aber **au printemps.**

28c Das Datum

Mit Ausnahme des Monatsersten werden die Monatstage mit Grund- und nicht wie im Deutschen mit Ordnungszahlen angegeben:

le sept avril	der siebte April
le vingt et un mars	der einundzwanzigste März
aber	
le premier juillet	der erste Juli

Geschrieben wird das gewöhnlich **le 7 avril, le 21 mars, le 1er juillet.** In der normalen Formulierung »am« + Datum wird keine Präposition gebraucht.

La lettre est arrivée le 3 juin ... et nous sommes le 10.	Der Brief ist am 3. Juni eingetroffen ... und heute ist der 10.

Die Jahreszahlen werden folgendermaßen ausgedrückt (beachten Sie, daß **mil** manchmal anstelle von **mille** gebraucht wird):

mille neuf cent quatre-vingt treize	1993
dix-neuf cent quatre-vingt-treize	
en 1912	1912, im Jahr 1912
en l'an 1912	

Jahreszahlen werden im täglichen Sprachgebrauch häufig abgekürzt:

J'ai commencé mes études en cinquante-trois.	Ich begann 1953 mit dem Studium.

Die Angabe von Jahrzehnten:

Dans les années trente mes parents habitaient Paris.	In den dreißiger Jahren lebten meine Eltern in Paris.

Année wird gewöhnlich anstelle von **an** gebraucht:

- Nach Mengenangaben mit **de,** wie z.B. **combien d'années;**
- Mit Ordnungszahlen wie **la deuxième année;**
- Mit ungefähren Zahlen wie **une dizaine d'années.**

Beachten Sie die folgenden Ausdrücke:

l'année dernière/l'an dernier	letztes Jahr
l'année prochaine/l'an prochain	nächstes Jahr

Année wird vorgezogen, wenn dem Substantiv ein Adjektiv vorausgeht, das ihm eine andere Bedeutung gibt:

la prochaine année	*das* nächste Jahr
la dernière année	*das* letzte Jahr

Beachten Sie auch:

l'année suivante	das nächste/folgende Jahr

28d Altersangabe

Das Alter wird im Französischen mit dem Verb **avoir** + Zahl + **an(s)** angegeben:

DER GEBRAUCH DER ZAHLEN

Elle a soixante-deux ans.	Sie ist zweiundsechzig.
Son fils a quarante ans.	Ihr Sohn ist vierzig.
Il a une fille de six mois.	Er hat eine sechs Monate alte Tochter.

• Im Deutschen wird das Wort »Jahre« bei der Altersangabe meist weggelassen, im Französischen ist das jedoch nicht üblich.
• Zur Altersangabe können ungefähre Zahlen verwendet werden, auf sie muß jedoch **années** anstelle von **ans** folgen:

Il a une quarantaine d'années.	Er ist etwa vierzig.

G
REGISTER

REGISTER

Querverweise beziehen sich auf Kapitel und Abschnitte.